「名古屋」の逆襲

過剰なコンプレックスを吹き飛ばせ!

柏木美都里

言視舎

プロローグ

三大都市のプライドと田舎者コンプレックス

故郷の名古屋から東京に移り住んで、三十年。

驚くほど、名古屋人に出会いません。

東京には名古屋人は一人も住んでいないの⁉と思うほどです。ごく稀に、名古屋出身だという人に出会うことがあっても、その言葉は極めて標準語に近いもので、あくの強い名古屋弁ではありません。

「**おみゃーさんも名古屋出身かね。私も名古屋だがね。仲良くしてちょうでゃあ**」

などと、和やかに故郷談議に花を咲かせることに至っては皆無です。

仕事や学校の関係で上京した名古屋人は、東京の水が合わずにみんな名古屋に帰ってしまったのでしょうか？　そんなわけはない。

名古屋人のUターン率が高いのは確かですが（※出生県へのUターン率は中京圏がトップ

２０１１年社会保障・人口問題基本調査　第7回人口移動調査より）多くの名古屋人はそのまま東京人になりすましで生活しているのでしょう。

東京に移住した名古屋人の多くは、自分が名古屋人であることを声高には言いませんが、名古屋人はみんな、名古屋が大好きです。その証拠に、「名古屋って、どんなところ？」と聞くと、誇らしげに答えてくれます。

「**さんでゃあとしだでときゃあ**（三大都市だから都会）」
「**うみゃーもんがいっぴゃあ**（美味しいものが沢山ある）」
「**海も山もちきゃ〜**（海も山も近い）で便利」
「**どえりゃーええとこだで、いっぺん来てちょ〜**（とても良い所ですので、一度、一度お越しください）」

と口を揃えて言います。

こうして名古屋弁を書くと、名古屋人から

「**そんなに訛っとれせんわ！**」

とお叱りを受けそうですが、いやいや結構、訛ってるんですよ。

という私も、東京に来るまでは自分が訛っているとは思っていませんでした。

語尾に「りゃあ」とか「みゃあ」をつけさえしなければ、完璧な標準語だと思いこんでいましたが、名古屋弁独特の高低差の激しいイントネーションを直すのはかなり難しいのです。

東京で名古屋出身だと言うと、

「ああ、味噌カツとかひつまぶしとか有名だよね」

と、「なごやめし」だけで知ったかぶりをされた上に、

「海老フライのことをエビふりゃあって言うんでしょ？」

と薄ら笑いされてしまいます。

上京して一番ショックだったのは、東海三県（愛知県、岐阜県、三重県）の皆さんのように**名古屋に「憧れを抱いてくれない」こと！**

名古屋に住んでいる時は名古屋こそ最高の都市だと、信じていたのに！

名古屋が「偉大なる田舎」だと揶揄されたのは、遠い昔のことだと思っていましたが、現在も変わりなかったのです。名古屋人のイメージは、ケチでセコくて、あか抜けない。

愛・地球博の開催で、名古屋が注目された時も、

「モリゾーとピッコロ、可愛くな～い」とか、
「セントなんとかっていう空港ができたんだよね」とか、
「なんでも赤味噌をかけるんでしょ？」とか、
全然、リスペクトされなかった！

東京に潜んでいる多くの名古屋人は、気づいてしまったのです。

名古屋はダサイと思われている、と！　多少のやぼったさは感じていても、**ここまでダサイと思われているとは思わなかった！**　その結果、名古屋人であることを隠して暮らしているのに違いありません。

名古屋はダサイ田舎？　冗談じゃない！　内心、憤懣やるかたない名古屋人は大勢いますが、声高に異議を申し立てたりしません。

なぜなら、名古屋人の本質は謙虚で、自慢したり、アピールしたりすることが苦手だから。

「**わかる人にだけわかりゃええがや。少なくとも名古屋人は名古屋のええところをわかっとるで、それでええ**」と、達観していると見せかけて、その実、腸《はらわた》は煮えくり返っているのです。

今こそ、名古屋の底力を、名古屋の魅力を全国に知らしめてやりましょう。

「**逆襲したろみゃあ！**」

金のしゃちほこ（雌）　向かって左（南）が雌、右が雄だで間違えんとちょう！

目次

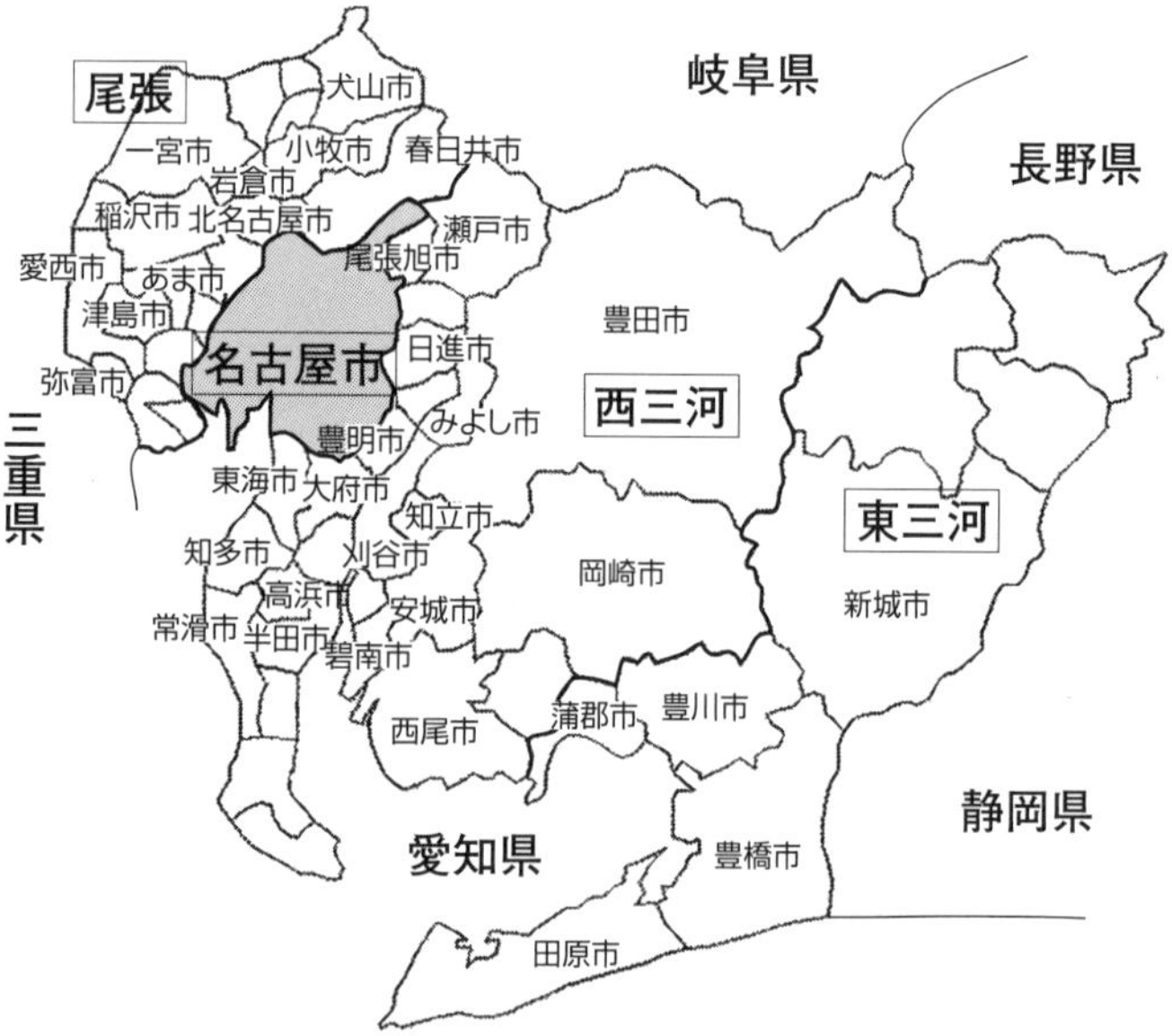

尾張
犬山市
岐阜県
一宮市
小牧市
春日井市
長野県
岩倉市
稲沢市
北名古屋市
瀬戸市
尾張旭市
愛西市
あま市
津島市
豊田市
名古屋市
日進市
弥富市
西三河
みよし市
三重県
豊明市
東海市
大府市
東三河
知立市
知多市
刈谷市
岡崎市
高浜市
新城市
常滑市
半田市
安城市
碧南市
蒲郡市
豊川市
西尾市
静岡県
愛知県
豊橋市
田原市

「名古屋」周辺略図

第1章
こんなにすごいのに「憧れられない」名古屋の悲劇

1　三英傑の出身地

まずは、名古屋のすごいところを列挙してみましょう。

名古屋人の自慢の筆頭は、名古屋が「三英傑の出身地」だということでしょう。

群雄割拠の戦国時代に天下統一を成し遂げた、**織田信長**、**豊臣秀吉**、**徳川家康**はみな、名古屋の出身です。正確に言えば、家康だけは三河（現在の愛知県岡崎市）出身ですが、そんな細かいこと、名古屋人は気にしません。

大きな意味で、愛知県人イコール名古屋人です。

とは言え、岡崎の一般人が自分は名古屋人だと言ったら、

「**おみゃあさんは名古屋じゃにゃあぎゃあ。三河だぎゃあ**（訳：あなたは名古屋人ではないでしょう?三河の人でしょう?）」

と突っ込むでしょうが、家康は別格です。

何はともあれ、名古屋人には、現在の日本の礎を作ったのは名古屋人だという自負があります。

「尾張名古屋は城でもつ」（尾張名古屋は名古屋城のお陰で繁栄したという意味）というフレーズで有名な「**名古屋城**」は、徳川家康が築城。その他、名古屋の観光スポットとして、徳川御三家筆頭の尾張藩第二代藩主・光友の屋敷跡に作られた大名庭園「**徳川園**」、それに隣接する「**徳川美術館**」には、国宝級の品の他に、家康の遺品も展示されており、家康は名古屋の出身だということを印象付けています。

▼「名古屋まつり」で洗脳？

さらに、名古屋最大の祭り「**名古屋まつり**」にも、「三英傑の出身地」だという自負が強く現れています。

昭和三十年、「名古屋商工まつり」として開催されて以来、毎年十月の土日に開催されている「名古屋まつり」。指定文化財の「**山車揃**」や市文化財の「**神楽揃**」の他に、華やかなフラワーカーなども登場し、祭りを盛り上げます。

名古屋城や東山動植物園など、名古屋市内の観光施設の無料開放も行なわれる他、名古屋は祭り一色。学校に週5日制が導入される以前、名古屋まつりの日（土日）は、名古屋市立の学校は休校でしたが、同じ名古屋市内にあっても、愛知県立の学校は休みにはなりませんでした。まつり初日の土曜日、愛知県立の生徒は学校に行かなくてはならなかったのです。この不公平感は、子どもたちの無垢な心に、「より名古屋度の高いほうが上！」という選民意識を植え付けさせました。実は、名古屋市立だけでなく、国立の学校も休校だったそうですが、愛知県立の学校が休みでなかったという事実は覆りません。卒業して何十年経っても、名古屋まつりの話になると、「愛知県立だったで、休みになれせんかった（愛知県立だったので休みにならなかった）」と愚痴を言ってしまいます。

それはさておき、名古屋まつりで注目すべきはメインイベントが豪華絢爛な「**郷土英傑行列**」だということです。織田信長、豊臣秀吉、徳川家康の三英傑が約六百人を従えて、名古屋駅をスタートに、広小路通から大津通、八場町まで行進します。この三英傑役は一般公募で選ばれるのですが、その扮装たるや、NHKの大河ドラマ並のクオリティの高さで、観客を魅了します。そして、郷土の誇り、三英傑に花を添えるのが、**濃姫**、**ねね**（平成八年までは**淀殿**）、**千姫**の「**三姫**」。

この「三姫」は、名古屋の百貨店に勤務している女性から選ばれます。つまり、名古屋のデ

名古屋城

徳川園

パガになれば、三姫に選ばれるかもしれないのです。三姫になりたいがために、松坂屋、三越、丸栄に就職する女性もいるほどです。三姫に選ばれると、良い縁談が来て、玉の輿に乗れるという噂もチラホラ。

ちなみに、三姫の中で、「淀殿」から「ねね」に変更されたのは、小説やテレビドラマで、悪女のイメージで描かれることの多い「淀殿」より、秀吉を支えた良妻賢母のイメージの「ねね」のほうがいいという名古屋市民の声が反映された結果だそうです。「淀殿」から「ねね」に替わったことで、一段と良い縁談が来るようになったに違いありません。

今年は誰が三英傑、三姫に選ばれるかと心躍らせ、決定のニュースがあった翌朝は、名古屋中の喫茶店ではお得なモーニングサービスを食べながら、この話題で持ち切りになります。その選抜方法や選抜基準など詳細は不明ですが、自分の知り合いが三英傑や三姫に選ばれたら、盆と正月が一度に来たような喜びようです。

名古屋では、知人や友達のことを「**つれ**」と言うのですが、「つれ」の「つれ」も「つれ」。「つれ」の「つれ」の「つれ」も、そのまた「つれ」もみんな「つれ」ですから、かなり高い確率で自分の「つれ」が三英傑や三姫に選ばれます。

「わしのつれの娘のつれのつれのつれが濃姫に選ばれてまったんだわ」

と、見たことも会ったこともない「つれ」の栄誉に鼻高々です。

このように、名古屋人は幼い頃から、華やかな英傑行列を通じて、名古屋人の偉大さを学んで育ちました。しかし、他都道府県の人たちに、三英傑が名古屋出身だと言うと、「へえ、そうなんだ。で？」とサラリと流されてしまいます。

幼い頃から、名古屋を誇りに思うように「名古屋まつり」で洗脳？されて来た名古屋人。

▼名古屋人のアキレスの踵

ここで名古屋人の皆さんにお伝えしておきましょう。私も名古屋に住んでいる時は知りませんでしたが、**「名古屋まつり」は全国区ではありません。**

京都の「祇園祭」、大阪の「天神祭」、東京の「神田祭」、青森の「ねぶた祭」のような有名な祭りではないんです。知っていましたか？

名古屋人以外の人は、「何を当たり前のことを言ってるんだ。知らねぇよ、名古屋まつりなんて」と毒づいているかもしれませんが。

名古屋人が都道他府県人に対して、自慢気に英傑行列の話をしても、ただの仮装行列だと思

三英傑移動之図

われるだけです。むきになって、三英傑は名古屋出身だと話しても、「そうだけど、三人とも名古屋を拠点にしなかったでしょう？」と切り返されてしまいます。

そう、これこそが名古屋人のアキレスの踵！

織田信長は天下統一後は、安土（滋賀県）に、豊臣秀吉は大坂（現在の大阪府）と伏見（京都府）に、家康は江戸（東京都）に都を置きました。

家康が名古屋ではなく、江戸を選んだのは、秀吉の策略説、家康に先見の明があった説など諸説ありますが、名古屋を都に選ばなかったということだけは、確かです。関ヶ原の戦いで勝利を収め、その後、江戸幕府を樹立し、約二百六十年の栄華を誇りました。もし家康が名古屋に都を置いていたら、名古屋が首都になっていて、名古屋弁が共通語になっていたかもしれないと思うと、名古屋人の心中は複雑です。「家康はしょせん三河の出身だから」と言ってしまったら、身も蓋もありませんが、三英傑の誰も、名古屋を都として選ばなかったという事実。

江戸に負けた……。これが今なお続く、名古屋人の東京コンプレックスとして残っているのかもしれません。

2 不況知らずの経済力

不況知らずの名古屋の経済力は、バブルに踊らされなかったことでも有名です。日本中がバブルに浮かれて、土地やマンションを買い漁った時も、名古屋だけは比較的、冷静でした。堅実な名古屋人は浮ついた流行には流されません。「石橋を叩いて渡る」どころか、「石橋を叩いて叩いて叩き割って、ああ渡らなくて良かった」と安堵するのが名古屋人です。

よく名古屋人はケチだと言われますが、そうではありません。**ただ堅実なだけです**。無駄なお金を使わず、コツコツと地道にお金を貯めて、冠婚葬祭などのいざという時には出し惜しみせずパア〜ッと使う、**それが名古屋流**です。

名古屋と言えば、**トヨタ自動車**のお膝元。下降傾向にある自動車産業の中、二〇一五年現在、トヨタは日本初の純利益2兆円超えを果たしました。

トヨタと同様、名古屋の企業は銀行融資には頼らない実質的な**無借金経営**で知られています。借金を作らないのが良い経営者だという考えが浸透していて、企業の倒産も少ない。攻めるより、守ることが得意な経営方針は面白味に欠けるかもしれませんが、大儲けできなくても確実に利益を上げることを優先します。

不景気になると必ず、不況知らずの名古屋の経済力が話題に上りますが、逆に言えば、不景気の時以外には全く注目されません。それが名古屋です。

3 住みやすさNo.1？

名古屋人が口を揃えて自慢するのが、**「日本で一番住みやすい街」**。

実際に、住みやすさランキング一位に選ばれているのは、印西（千葉）で、二位は長久手（愛知）、三位は能美（石川）です（東洋経済 都市データパック2015年版より）。

小牧・長久手の戦いのあった地、長久手市は、名古屋市の東に隣接するベッドタウンで、二〇〇五年に愛・地球博が開催された地（現在は記念公園）ですので、名古屋人にとっては実質、名古屋が二位のようなものです。

ここで注目すべきは、このランキングが「住みたい街」ではなく、**「住みやすさ」**ということです。もし名古屋人に「住みたい街」は？と聞いたら、間違いなく、「名古屋」を一番に上げるでしょう。その証拠に、**出身高校所在地県の大学への入学者割合は72％で全国第一位**（2013年 学校基本調査より）。

つまり、愛知県の高校生の大多数は愛知県内の大学に進学しているのです。最高偏差値の東京大学に合格できる成績でも、地元の名古屋大学を選択する高校生が沢山います。その上、**Uターン率は全国一位**ですから、止むに止まれぬ事情で？県外に進学した人の大多数は、卒業後に名古屋へ戻って来ます。

名古屋で生まれ育ち、なんらかの事情で他都道府県に出ることがあっても、名古屋に戻って、名古屋人同士で結婚するのです。東京では一軒家を建てることは難しくても、名古屋は格段に地価が安いため、若くして豪華な新居に住むことも可能です。

「やっぱ名古屋が一番ええがね。よそで住むヤツの気が知れんがや」

としみじみと語り合います。

しかも、よそから名古屋に転勤になった人は単身赴任する場合が多いため、任期が終了したら帰ってしまいます。その結果、名古屋人として純粋培養された人たちが脈々と名古屋に住み続けることに……。

都会でありながら、**驚くほど人の移動が少ないのが名古屋の特色**です。

三大都市とはいえ、中心地から電車に三十分も乗れば、田園風景。山も海も川もある。ゴルフ場も海水浴場も近く、休日も充実して過ごせます。

東京や大阪に比べたら、地価も安いので、若くして一軒家に住むことも、高級賃貸マンションに住むことも可能です。しかも、**名古屋中に「つれ」がいる**ので、まるで大家族の中で暮らしているような安心感があります。逆に、いつも誰かに見張られているような閉塞感もありますが、いざという時に頼りになるのは「つれ」ですから、そこは目を瞑りましょう。

このように、名古屋人にとって名古屋は住みやすさNo.1で、住みたい街No.1ですが、その良さを日本中に広める努力が足りないのか、広める前に名古屋に戻って来てしまっているからか、広める必要などないと思っているのか、他都道府県人には理解されないのが残念です。

名古屋出身だと話した時に、

「いいなぁ！　私も名古屋に住んでみたい！」

と言われたことは一度もないのが悲しい、悲し過ぎます。

4 独特の多彩な食文化「なごやめし」

長らく、名古屋には「うまいものなし」と言われ続けてきましたが、**愛・地球博**（2005年日本国際博覧会　名古屋東部の長久町、瀬戸市、豊田市で開催）により、名古屋が一時的に注目された頃から、名古屋独特の食文化が「なごやめし」としてクローズアップされるようになりました。

ここで「なごやめし」と書きましたが、実際のところ、「名古屋メシ」「名古屋めし」「なごやメシ」など、表記は統一されていないようです。

せっかく、名古屋の食文化が注目されたのですから、表記も統一して日本国中に大々的にアピールすれば良いものを、そこは名古屋人の奥ゆかしさなのか、懐の深さなのか、「**意味が通じれば、どっちでもええがね。好きに呼んでちょう**」と大らかに受け止めているのでしょうか？

いずれにせよ、名古屋市の広報などは、「なごやめし」と発信していますので、本書では「なごやめし」と記載します。

さて、「なごやめし」と呼ばれているものは、「**鰻のひつまぶし**」、「**味噌煮込みうどん**」、「**味噌カツ**」、「**天むす**」、「**手羽先**」、「**あんかけスパ**」、「**きしめん**」、「**小倉トースト**」など、バラエティに富んだ、どちらかと言うと「B級グルメ」。はまる人はトコトンはまりますが、苦手な人はゲテモノ扱いするという、好みが大きく分かれる食べ物ばかりで、味付けが濃くて「くどい」のが特徴です。

▼八丁味噌が基本

名古屋人の嗜好の根底にあるのは、**三河で生まれた八丁味噌**。

日本の味噌の多くは、大豆に米か麦を加えて作られていますが、八丁味噌は主原料が大豆だけの豆味噌で、赤褐色の色から「赤味噌」とも呼ばれています。

その昔、兵糧として重宝されて来た八丁味噌は、甘くてコクのある味を好んだ徳川家康と家臣の三河武士たちによって、江戸を中心に全国に広まったと言われていますが、実際のところは東海地方限定で嗜好されているようです。

日常では味噌汁にしか味噌を使わない地域と比べると、名古屋では驚くほど赤味噌を多用しています。

なごやめしで、この八丁味噌を使ったものは、前述の「味噌煮込みうどん」、「味噌カツ」の他に、「**どて（どて煮）**」や「**味噌おでん**」があります。

さまざまな料理で八丁味噌を使用している理由の一つは、他の味噌と違って、加熱してぐつぐつと煮込んでも、味や風味が損なわれないからでしょう。

煮込めば煮込むほどコクが出るだけでなく、中国味噌のように炒め物にも向いています。煮て良し、付けて良し、かけて良し、炒めて良し、あえて良しの万能調味料。味は濃厚ですが、塩分は控え目で消化吸収も良く、高タンパクで低カロリーなので、健康志向の人にも人気があります。

良いものがあれば最大限に利用するのが名古屋人。なごやめしに八丁味噌が多用されているのは当然のことですが、多用し過ぎかもしれません。

▼八丁味噌料理の定番、「味噌煮込みうどん」

八丁味噌をベースにした鍋焼きうどんで、基本的な具材は、長ネギ、かまぼこ、油揚げ、かしわ（鶏肉）。小麦粉、水、塩のみでこねた固い麺は茹でないで、味噌の汁で煮込んで味を馴染ませます。

初めて食べた人は、「麺が生煮え？」と驚くほど、うどんの腰が強いので、猫舌の人がふうふう冷ましながらゆっくりと食べても、麺が伸びることはありません。しかも、土鍋にも一工夫あり、冷ましながら食べたい人のために、**蓋に取り分けて食べられるようになっている**のです。

味噌煮込みうどんの土鍋は普通の土鍋のように、水蒸気の吹き出し穴が空いていないので、蓋をひっくり返せば、取り皿代りに使えます。蓋を取り皿に代用すれば、洗い物を減らせるというメリットも。うどんの土鍋一つにも、合理的で倹約家な名古屋人らしい発想が活かされています。

さらに、八丁味噌のコクに負けない固いうどんは、ご飯のおかずにもなるので、腹持ちが良く、満足感も倍増です。

▼クセになる味「味噌カツ」

初めて見た人は、トンカツに味噌!?とギョッとしますが、名古屋人にとってはトンカツに味噌ダレが普通です。トンカツの上に、たっぷりと赤茶色の味噌タレがかかった、その見た目だけで、「うわぁ、こってりしてそう！　無理！」と言われることが多いのですが、実際はそんなにしつこくなく、甘い味噌タレがクセになる美味しさでご飯が進みます。

諸説ありますが、初めて味噌カツが誕生したのは、昭和二十年代初頭。戦後間もない名古屋の屋台で一人の客が何気なく、串カツを「どて鍋」に浸して食べてみたら美味しかったことから生まれたそうです。その客こそ、味噌カツで有名な「**矢場とん**」の初代店主だったとか。どて鍋のイメージにこだわっているため、「矢場とん」の味噌ダレはどろっとしておらず、サラッとしているのが特徴で、牛のすじ肉で取ったダシと天然醸造の豆味噌で作っているそうです。

どて煮で使われる豆味噌は、米味噌や麦味噌よりもうまみ成分が多いので、トンカツの脂っぽさに負けず、バランスの取れた味わいになりました。

日常的に豆味噌を使った「どて煮」を食べている名古屋だからこそ生まれた、絶妙のコンビネーション。ちなみに、店によって味噌ダレの味わいは大きく違います。ドロッとした田楽味噌のようなタレをかけるほうが主流になっているのは、名古屋人の「くどい味」好きに拍車がかかっているからでしょうか。いつの日か、赤味噌を具にして揚げた味噌のフライに赤味噌ダ

味噌煮込みうどん　蓋に取り分けて食すのが名古屋流

味噌カツはクセになる

レをかけるという究極の「味噌カツ」が生まれるかもしれません。想像するだけで胸焼けがします。

▼おでんもやっぱり赤味噌だがね!「味噌おでん」

八丁味噌を使った、赤茶色の味噌ダレでぐつぐつ煮込んだおでん。

名古屋のおでんは、素材の味を活かして上品な薄味の出汁で煮込んだ関西風のおでんとは大きく違い、どんな具を食べても味噌ダレの味が勝ちます。

素材よりも赤味噌を味わう料理です。これまた、ご飯が進みます。関西風、関東風のおでんと一緒に、白いご飯を食べるのが苦手な人も、「味噌おでん」なら、大盛り三杯いけます。ご飯が進む、これもなごやめしの特色です。

▼合理的精神から生まれた「きしめん」

名古屋名物として有名な「きしめん」は味噌煮込みうどんとは違い、あまりコシのない幅広の麺です。平たい麺を作ったのは、ゆで時間を短縮するためだと言われています。時間がある時は、ぐつぐつ煮えたぎった「味噌煮込みうどん」。

時間のない時は、冷やしきしめんをサッと食べる。ケースバイケースで味わえます。きしめんは、食べる人にも作る人にも優しい「なごやめし」です。

かつお出汁の利いた汁に、削りたてのかつお節をたっぷり乗せるという、かつお好きには堪らない麺料理。

▼もったいない精神から生まれた①「ひつまぶし」

鰻の「ひつまぶし」は、なごやめしの中では高級グルメです。

鰻といえば、静岡じゃないの？と思っている人も多そうですが、実は**愛知県は鰻の生産量、全国第二位**。ちなみに、一位は鹿児島県、三位は宮崎県、静岡県は四位（農林水産省2014年調べ）。

三河湾に面した愛知県西尾市一色町では、日本の鰻生産量の約四分の一を出荷。矢作川系の清流水を使用して、より天然に近い環境の中で養殖しているため、良質な脂と柔らかい皮で高い質を誇っているそうです。

名古屋では、鰻のかば焼きを関西風の腹開きで、蒸さずにそのまま焼き上げるので、皮はカリッと香ばしく、ほどよく油の乗った身がふんわりと柔らかいのが特徴です。

さて、美味しい鰻をただの鰻丼や鰻重で終わらせないのが名古屋人。短冊状に細かく刻んだ蒲焼きをおひつの中に入れて混ぜて食べるのが「ひつまぶし」ですが、まず**一杯目**は、おひつから茶碗に盛って、そのまま食べる。

二杯目は、さらしネギやワサビなど、薬味を加えて食べる。

三杯目は、お茶漬けにして食べる（だし汁、もしくは煎茶をかける）。

つまり三通りの食べ方を楽しむことができます。

最初におひつのご飯を十文字に四等分しておいて、三通りの食べ方で味わってから、最後は一番気に入った食べ方で締め括るのがツウです。

そもそも、鰻を短冊状に細かく切ったのは、身崩れした鰻を捨てるのは惜しいからとか、鰻が不作の年に身が固かったからなど、諸説ありますが、いずれにしても、ちょっと工夫して美味しく食べないと「**もったいにゃあ**」という名古屋人のもったいない精神から発明されたことは間違いなさそうです。

▼もったいない精神から生まれた②「手羽先」

高級地鶏の名古屋コーチンをはじめ、鶏の産地として名高い名古屋。

鶏の部位の中でも手羽先は身が少なくて食べにくいことから、出汁を取るために使うぐらいで、料理することはなく、大量に廃棄されていました。

「**味はうみゃーのに、もったいにゃあ!**」と思い、唐揚げにしてから、タレをつけて焼いたところ、

「**どえりゃあ、うみゃあがや**(とてもおいしい!)」

と評判になり、名古屋名物「手羽先」が誕生したそうです。

手羽先の有名店「**世界の山ちゃん**」に続いて、手羽先を最初に考案した老舗「**風来坊**」が東京に進出したことから、その美味しさは広く知られるようになりました。専門店でなくても、名古屋の居酒屋ならメニューにありますが、味噌カツと同様、店によって、味付けにばらつきがあります。

スパイスが効いた味付けだったり、甘辛かったり、味付けは統一されていませんが、唐揚げにしてからタレをつけて焼くという調理方法は同じです。

調理に手間がかかりますが、捨てるのは「もったいにゃあ!」から生まれたなごやめしです。

ひつまぶしは3回おいしい

手羽先　骨までねぶらんと(なめないと)もったいにゃあ

▼アレンジ力と独創性が光る「なごやめし」その①「天むす」

小ぶりのおにぎりに胡椒を効かせた小海老の天ぷらが入った「**天むす**」は付け合わせの「きゃらぶき」が相性抜群。今では、おにぎりの専門店やコンビニでも見かけるようになりましたが、発売当初、おにぎりの具が天ぷらというのは画期的なことでした。

今ではすっかり全国区になった「天むす」は比較的、歴史の浅い「なごやめし」ですが、**実は名古屋発祥の料理ではありません**。

三重県津市にある天ぷら屋さんが賄い食として作っていたものを売り出したところ、地元で評判になったのが発祥だそうです。その店から暖簾分けを許された「**千寿**」が大須に出店すると、大評判になり、やがて名古屋市内にたくさんの天むす屋が誕生し、名古屋名物となったとか。

ちなみに、名古屋名物「**ういろう**」も名古屋ではなく、中国発祥のお菓子です。

「**ちいしゃあことは気にせんでもええわ**（小さなことは気にしなくてもいいんですよ）」といったところでしょうか。

海老といえば、かつてタモリが「名古屋のエビふりゃあ〜」と笑いのネタにしたことがありましたが、海老フライは名古屋独自の料理でも、名古屋名物でもなんでもありませんが、**愛知県はクルマエビの消費量全国一で、県魚でもあります**（※平成二年に制定）。

海老って、魚か⁉というツッコミはさておき、名古屋人に海老好きが多いのは確かなようです。天むすが名古屋で大人気になったのも、名古屋人が海老好きだからかもしれませんね。

「エビふりゃあ〜、エビふりゃあ〜」と名古屋弁をバカにされた名古屋人は、「海老フライは名古屋名物じゃにゃあ！」と反論するのに疲れたのか、そこまで言われるなら期待に応えようと思ったのか、名古屋市内に海老フライ定食を出す店が増えてきました。「エビふりぁ〜」がなごやめしの仲間入りする日はそう遠くないかもしれません。

▼その②③「あんかけスパ」「イタリアンスパゲッティ」

その名の通り、スパゲッティに甘酢っぱいあんかけをかけた料理。

太めの柔らかくてモチモチしたスパゲッティにとろみのあるトマト風味のタレがかけてあります。好き嫌いが大きく分かれる「なごやめし」です。

スパゲッティはイタリアの食べ物なのに、イタリアンという言葉を重ねているという、ちょっと風変わりなネーミング。

まあ、蕎麦も「日本蕎麦」と言うのですから、「イタリアンスパゲッティ」があっても不自然ではないのかもしれません。

熱々の鉄板の上にスライスした玉ねぎを置いてから、溶き卵を流し込み、半熟状になったら、その上にケチャップたっぷりのナポリタンスパゲッティを乗せたのが、「イタリアンスパゲッティ」。

ナポリにはナポリタンスパゲッティがないのと同様に、イタリアにはイタリアンスパゲッティはありません。そんな当たり前のことを考えながら、とろりとした卵に絡んだトマトベースのスパゲッティを味わう。これを食べたら、普通のナポリタンでは物足りなくなること間違いなし。約五十年の歴史があるそうですが、なぜかメジャーになれない「なごやめし」。

▼その④⑤「台湾ラーメン」「小倉トースト」

名古屋でなぜ台湾のラーメンが？と驚かれますが、名古屋の今池にある「**中国台湾料理　味仙**」が考案したという激辛のラーメンが発祥です。

大量の唐辛子が入ったスープに、甘く味付けされたひき肉をトッピング。

約三十年前、台湾で小皿に盛って食べるタンツー麺を激辛にアレンジしたのが、台湾ラーメンの始まりだったとか。辛いだけでなく、奥深い味わいなので病み付きになる人も多いラーメンです。

厚切りトーストにバター、もしくはマーガリンをたっぷり塗った上に、小倉（つぶあん）をどっさりのせた「小倉トースト」は古くから名古屋の喫茶店の定番メニューです。トーストで小倉を挟んだ「小倉サンド」もあります。

名古屋の喫茶店でトーストを頼むと大概、バター、ジャム、小倉の三点セットがサービスでついてきますので、安いトーストを頼んで小倉をお代わりして、自分で小倉トーストを作って食べるという節約家もいるようです。

なごやめしに甘い味付けの料理が多いことからもわかるように、**名古屋人はあんこなど、甘い和菓子が大好き**です。

江戸時代、水戸藩と紀伊藩とともに御三家の一つだった尾張藩では、茶の湯の文化が盛んだったそうです。名古屋の喫茶店でコーヒーを頼むと、必ずピーナッツやクッキーがサービスでついてくるのも、お茶請けの和菓子を楽しむ、茶の湯文化の名残だと言われています。

天むす

イタリアンスパゲッティ

▼番外編　名古屋の「ところてん」

なごやめしではありませんが、名古屋で「ところてん」を食べたことがありますか？　お店で「ところてん」を注文すると、割り箸が一本だけ添えられています。**名古屋では「ところてん」は箸一本ですくうようにして食べる**のです。

子どもの頃、なんで二本出してくれないんだろう？　食べにくいなぁと思っていたのですが、母にそれが正式な食べ方だと言われたので我慢して食べていました。ところが、東京の店で「ところてん」を注文したら、箸二本出されたので驚きました。正式な食べ方って、嘘⁉︎　どうやら、箸一本で食べるのは東海地方、北関東や東北の一部の地域だけのようです。

箸一本が正式な食べ方だという説の他に、割箸一本で事足りるのに、駄菓子のようなものに二本使うのは勿体ないからなど、諸説ありますが、節約好きの名古屋人としては、「もったいないから説」が有力だと思います。

箸一本だと食べにくいので、時間をかけてじっくりと「ところてん」を味わえます。小さく切れてしまってすくえない「ところてん」は、最後に器を傾けて一気に口の中に流し込みます。三杯酢とゴマの香ばしい香りがたまりません。箸二本よりも、一本のほうが「ところてん」と全力で向き合った感じがして、満足感がアップします。ぜひ、試してみてください。と言う私は二本で食べていますけど。

ところてん　箸1本でどうぞ

5 サービス満点　喫茶店のモーニング

名古屋人にとって喫茶店は一人で静かにコーヒーを飲む場所ではありません。**必要不可欠な交流の場、情報交換の場、団欒の場**なのです。

名古屋にいると、一日に何度も、

「**喫茶店、行こみゃあ**（行きましょう）」

と誘われます。

その結果、名古屋の**一世帯当たりの喫茶代年間支出額は全国第一位！**（総務省家計調査より二〇一二年〜二〇一四年平均）で、全国平均の二倍以上の金額を喫茶代で使っています。第二位はお隣の岐阜県ですので、東海地方の人の喫茶店好きは相当のものです。ケチと言われている名古屋人ですが、喫茶代だけは惜しみません。名古屋を歩くと、至るところに昔ながらのアットホームな喫茶店があり、ご近所さんの集会所のようになっています。いわば、第二の応接間として頻繁に利用されているのです。

名古屋の喫茶店では、**コーヒーにピーナッツやクッキーが付いている**のは前述しましたが、「モーニング」にも独特の喫茶文化が根付いています。

初めて名古屋の喫茶店を訪れた人は**サービス満点のモーニング**に驚きます。コーヒーを注文すると、ゆで卵、サラダ、トースト、デザートが付いてくるのです。今では、全国の喫茶店でモーニングサービスがありますが、名古屋の喫茶店はコーヒー一杯分の値段で豪華な朝食が味わえます。

モーニングサービスの始まりは、昭和三十年代の前半。繊維業が盛んな愛知県の喫茶店で、一日に何度も応接室代りに使っていた常連客に、店主が感謝の意を込めて、ゆで卵と豆菓子をサービスしたのが始まりと言われているそうです。

いつしか、トーストとコーヒーとゆで卵が定番のサービスとなりましたが、**近年、益々サービスが激化**しています。一杯のコーヒーを注文して出されるのは、おにぎり、味噌汁、うどん、天むす、茶碗蒸し、ちらし寿司、サンドイッチ、カレーライス、唐揚げなどなど。もうなんでもアリ！です。

しかも、二十四時間営業のモーニングの店まであります。朝だけではなく、いつでもコー

名古屋名物
モーニングメニュー
追加のご注文も承ります
●トースト80円
ーセージ 50円
●ジャム 30円
り、商品の一部が
がございます。予めご了承ください。

ヒー一杯の値段で食べられるのですから、名古屋人が喫茶店に入り浸るのは当然のことでしょう。採算度外視のサービスをして潰れないのかと心配になりますが、**名古屋人は気にいったら半永久的に通い続ける性質**なので経営的にも問題ないようです。

名古屋の喫茶店「**コメダ珈琲店**」が東京に進出してから、名古屋のモーニングの知名度は上がりましたが、これでもか！という程のサービスは決してスマートでもオシャレでもないので、名古屋のイメージアップにつながったかどうかは疑問です。

その他、ユニークな創作メニューを出すことで有名な「**喫茶マウンテン**」も話題になりました。抹茶のスパゲッティの上に、小倉、大量の生クリーム、フルーツをトッピングした「甘口抹茶小倉スーパー」や、激辛のかき氷など、この店のオリジナルメニューなのですが、「名古屋人はみんな好んで食べている」という誤解を生んでおり、「名古屋の人って独特な味覚を持っているよね」と言われるようになりました。残念ながら、この場合の「独特」という言葉には、憧れの気持ちは入っていません。

6 名古屋発祥のもの多数

名古屋が発祥のものと言えば、「**パチンコ**」が有名ですが、それ以外にもたくさんあります。前述のモーニングサービスの他に、「**漫画喫茶**」、「**スーパー銭湯**」、「**自動販売機**」、秋葉原でも話題になった「**おでん缶**」など。

諸説ありますが、漫画喫茶発祥の店は、名古屋市名東区にあった喫茶店「**ザ・マガジン**」という説が有力のようです。漫画好きの店主が収集していた漫画を店内に並べて、その店の名物にしようと考えたのが発端で、八〇年代前半にはすでに時間料金制を取り入れて、現在のような基本的なサービスを確立していたとか。

今では、全国にある「漫画喫茶」が名古屋の喫茶文化から誕生した、と聞いても、「へぇ〜」としか言ってもらえません。自動販売機はさておき、それ以外の名古屋発祥のものは垢ぬけないというか、どこかやぼったい印象があります。それが名古屋らしさなのでしょうか。

7 デザイン都市　名古屋

一九八九年「**世界デザイン博覧会**」が名古屋で開催された時、名古屋は「デザイン都市宣言」をして、街創りを進めて来ました。その後、世界三大デザイン団体の国際会議を誘致するなどの活動が認められ、二〇〇八年にユネスコのクリエイティブ・シティズ・ネットワーク・デザイン分野の加盟都市として認定されました。現在は、「**クリエイティブ・デザインシティなごや**」として活動していますが、あまり知られていません。

一九九九年には名古屋駅の再開発竣工。駅ビル「JRセントラルタワーズ」が完成し、名古屋の新たなランドマークになって以降、駅周辺の再開発が進められ、超高層ビルが立ち並ぶ近代的な街並みに変化して来ています。

名古屋では知名度の高い「**大名古屋ビルヂング**」も建て替えが決定（※二〇一五年十月竣工予定）。そして、名古屋の中心地「栄」には、近代建築の美しいデザインと緑が描く、都心の

オアシス21

オアシスを体現した公園「**オアシス21**」も誕生しました。

シンボルの「水の宇宙船」で空中散歩を疑似体験できることで人気の「オアシス21」は二〇〇三年に環境デザイン部門グッドデザイン賞を受賞。名古屋は着実にデザイン都市として変貌しています。

たまに名古屋に帰省した人は

「**どえりゃあ変わっとるでおどれぇてまったわ**（すごく変わったので驚いてしまいました）」

と目を丸くするほどです。

日本で初めて**テナントビル**を作ったのも、初めての**バスターミナル**を作ったのも名古屋だと言われていますが、今一つ、アピールできていないのはなぜでしょう。変化を求めず、安定を求める、堅実な名古屋人は、暮らしが便利になることには積極的でも、デザイン振興に関してはあまり関心がないのかもしれません。

その証拠に、中心地や繁華街は進化していますが、住宅地や商店街は昔のままの姿を留めています。

ともあれ、デザイン都市でありながら、物づくりの町、産業都市としてのイメージが強く、観光地として人気がないのは残念でなりません。

では、「名古屋はデザイン都市」というイメージが定着したら、観光地として注目されるのでしょうか？　名古屋の近代的な建物を見物するために観光客が殺到するとは思えませんが、デザイン都市としてアピールすることは、「偉大なる田舎」のイメージから脱却する良いきっかけにはなるでしょう。

名古屋本来の魅力は実直・堅実・封建的で頑固、変化を嫌い保守的。

進化する街づくりと相反するようですが、街並みがどんなに近代的になっても名古屋人の本質は変わりません。京都とは違って、第二次世界大戦の戦火で多くの歴史的建造物を失った名古屋。「もったいない」から建て替えたり、引っ越したりしなくても、本当に必要となったら、迷わず改革する。時代に流されないけれど、時が満ちたら迷わず行動する。それが名古屋人なのです。

名古屋中がデザイン都市になってしまったら、名古屋の「泥臭い魅力」を失ってしまいますが、

「**ここは変えてまったらもったいにゃあで、変えんとくわ**（ここは変えてしまったらもったいないから変えないでおきます）」と正しい判断をするでしょうから安心です。

目先の儲けに踊らされない名古屋人気質を失わない限り、時代に翻弄されることはないでしょう。

では、名古屋が観光地として魅力を増すために必要なものはなんでしょうか？

グルメもある、デザインの素晴らしい建造物もある、百メートル道路もある、三英傑関連の博物館もある、城もある、動植物園もある、名古屋港水族館もある、海水浴場もゴルフ場もある。

足りないものは何？

ライバルの大阪はユニバーサル・スタジオ・ジャパンの開業以来、観光客を増加させています。足りないものは、大型アミューズメントパーク⁉

名古屋人は**三重県桑名市のナガシマスパーランド**に遊びに出かけますが、名古屋市内に大型

アミューズメントパークはありません。ディズニーランドやユニバーサル・スタジオ・ジャパン以上のアミューズメントパークができたら、東京と大阪に対抗できるかもしれません。

例えば、歴史を学ぶ「三英傑ランド」とか？　グルメメインの「八丁味噌パーク」とか？

本当は、**名古屋の街自体がアミューズメントパーク**なので、新たに何かを作る必要はないのですが、全国の人にわかってもらえる日まで頑張りましょう！

8 「名古屋人」と「愛知県人」の違い

生粋の名古屋出身者ほど、隠れ名古屋人になる傾向が強いと前述しましたが、**「名古屋人」と「愛知県人」はどう違う**のでしょうか?

実は、名古屋人気質と愛知県人気質は大きく違います。

愛知県は、**尾張**（愛知県西部）、**西三河**（愛知県中部）、**東三河**（愛知県東部）と大きく三つの地方に分かれています。

尾張は**名古屋市**の他に、かつては織物の街として知られていた**一宮市**、県営名古屋空港のある**小牧市**、実生サボテンの生産日本一で工業も盛んな**春日井市**、明治村で有名な**犬山市**、植木・苗木の産地の**稲沢市**など。

西三河は、トヨタ自動車の本社がある**豊田市**、八丁味噌の産地で知られる**岡崎市**など。

東三河は豊川稲荷で知られる**豊川市**、渥美半島に位置する**田原市**と**豊橋市**などがあります。

愛知県の西には三重県、北は岐阜県、東北は長野県、東は静岡県と接しています。

愛知県の人口は推計743万4996人（平成25年10月1日現在）で、東京都、神奈川県、大阪府に次いで**全国第4位**。愛知県内で最も人口が多いのが名古屋市で、愛知県人の約33％にあたる227万1380人が住んでいます（平成25年10月1日現在　愛知県政策企画局広報公聴課調べ）。愛知県の約三分の一が「名古屋人」ということになります。

▼三河人の特質

三河の人たちが「名古屋人」気質を持っていないのは、恐らく隣接する県の影響を受けているからでしょう。一方、中西部にある名古屋市は、南に太平洋が面しているだけで、他県には接していません。排他的だと言われる愛知県の中でも、特に名古屋が独自の文化や風習を築いているのは、この地理的条件に一因があると思います。

名古屋が所属する尾張の人は、色濃い「名古屋人」気質を持っていますが、西三河・東三河の人はどちらかというと穏やかな気質で、言葉も押しの強い名古屋弁とは違い、少しのどかな印象のある三河弁です。西三河は、語尾に「**じゃん**」「**だら**」「**りん**」が、東三河は「**のん**」「**ほい**」「**だに**」が付くのが特徴です。

西三河・東三河の人たちは、名古屋人のように東京や大阪をライバル意識することもなく、主に農業・産業・工業・水産業で愛知県の経済を支えています。

三河の人たちは名古屋人に比べると「隠れ率」は低いのですが、「愛知県出身です」と言うと、「ああ、名古屋出身ですか？」と聞き返されることが多いため、面倒なので名古屋人になりすます人と、名古屋ではないと訂正する人に分かれるようです。尾張や三河について詳しく説明したとしても、愛知県自体に興味を持っている人が少ないため、「名古屋の郊外」と認識されるだけなのが悲しい。

たとえば、**春日井市の場合、実生サボテンの生産日本一**だと話しても、「ふーん」と聞き流されるだけです。なんとか興味を持ってもらおうと思って、「ワハハ本舗の梅垣が豆を鼻に入れて飛ばしているけど、あの豆は春日井市にある**春日井製菓のグリーン豆**なんだよ」と話しても、「はぁ？」と不快な顔をされてしまいます。名古屋人だけでなく、愛知県人は謙虚なので、地元の良さを伝えることが不得意なのです。決して、愛知県に魅力がないからではありません！

▼三大都市のプライドと田舎者コンプレックスの混在

愛知県人も名古屋人と同じように田舎者コンプレックスがありますが、大きく違うのは、**「三大都市としてのプライド」**がないことです。

名古屋人の最大の誇りは、名古屋は三大都市の一つだということ。

名古屋人はわかりやすい評価を求めるので、格付けや順位付けが大好きです。何かと言うと、「名古屋は○○が日本一！」と自慢します。

それがどんなにささやかな日本一でも構いません。

たとえば、家計の支出金額を取り上げてみても、たくさんの項目で日本一になっています。喫茶大国の名古屋らしく**「年間の喫茶代支出金額　日本一」**、**「背広服の支出金額　日本一」**、**「和食の外食の支出金額　日本一」**、**「ペットフードの支出金額　日本一」**などなど（総務省統計局　家計調査結果　平成26年計より）。

どうです？　立派な背広を着た名古屋紳士が喫茶店でお得なモーニングを食べ、夕方には料亭で会食をし、家に帰るとペットを可愛がる。

名古屋人の豊かな暮らしぶりが透けて見えるでしょう？

名古屋人は、日本一の情報をいち早く入手しては、名古屋の良さを再認識し、

「やっぱし、名古屋が一番だがね」

とシミジミと呟くのです。

不況に強く、住みやすくて、交通の便もいい最高の街、名古屋。

三大都市のプライドと田舎者コンプレックスの混在に苦しんでいるのは、「愛知県人」ではありません。「名古屋人（尾張地区の人）」だけなのです。

本書が「愛知の逆襲」ではなく、「名古屋の逆襲」なのは、「名古屋人」が長年苦しんで来た、**名古屋に対する偏見と不遇、そして田舎者コンプレックスの呪縛を解き放ちたい**からなのです！

「隠れ名古屋人」の皆さん、いつまで隠れているつもりですか？

さあ、一緒に立ち上がりましょう！

第2章
名古屋の真のライバルは?

しつこいようですが、**名古屋は東京・大阪と並んで、日本三大都市**です。

東京・大阪、最後の一つは福岡や横浜と勘違いしている人が多いようですが、名古屋なんですよ！　**でゃ〜じなことだで、間違ってかんよ！**（大事なことなので間違えてはいけませんよ！）

地理的に名古屋は日本のほぼ中央に位置しており、東京と大阪に挟まれているので、関東と関西の文化、両方の影響を受けながらも独自の文化を築いて来ました。閉鎖的だとか、封建的だとか、保守的だとか、排他的だとか、幾多の揶揄をされながらも、我が道を独走する名古屋。

では、名古屋にとって真のライバルとは、どの都道府県でしょうか？

独断と偏見で推察してみたいと思います。

▼①東京には無条件降伏？

前述しましたが、名古屋の誇り、徳川家康が故郷の愛知県ではなく、江戸に都を開いて以来、東京だけにはかなわないという思いが、名古屋人のＤＮＡに強く植え付けられています。

名古屋人からすると、東京は魅力に溢れた大都会ですが、だからといって猫も杓子も上京するような愚かな人種ではありません。東京なんて物価が高いし、治安も悪いし、暮らしにくい。

「**住むヤツの気がしれにゃあ**」、と言いながらも、東京の言葉や最先端の文化に対する羨望を隠すことができません。

名古屋弁は「ぎゃあ」とか、「だがや」とか、「どえりゃあ」とか、異常に濁音が多くて田舎臭い方言だという劣等感があるため、東京人と話す時は努めて名古屋弁を隠します。

たとえば、東京から来た転校生が淋しそうにしている時、さりげなく話しかけようとして、うっかり、

「**おみゃあさん、なにしとりゃーす？**（あなたは何をしているのですか？）」

などと、おばあちゃん仕込みの名古屋弁が出てしまったら立ち直れません。語尾に「みゃあ」や「だがね」を付けないように気をつけながら必死に話しているうちに、何を話したかったのかわからなくなってしまい、しまいには、

「**東京もんは気取っとるでかんわ**（東京の人は気取っているからいけませんね）」

と吐き捨てて、立ち去る羽目になります。転校生にとってはいい迷惑です。

ここで気をつけなくてはいけないことが一つ。名古屋人は東京人に会うと、必ずと言っていいほど、

「**名古屋は田舎だでいかんでしょう？**（名古屋は田舎だから駄目でしょう？）」

と聞きますが、**それは罠です**。

うっかり、「そうですね」などと正直に答えてしまったら、二度と口を聞いてもらえません。名古屋人は謙虚で奥ゆかしいけれど、愛する名古屋を侮辱されることだけは許さない。自分で卑下するのはいいけど、よそ者には言われたくない。名古屋を悪く言うことは、家族を悪く言われたのも同然です。「ウチの子どもは頭が悪くて」と自分で言うのはいいけど、「おたくのお子さんはバカですね」と言われたら激怒するでしょう？　それと全く同じです。

東京なんて所詮は地方から来た田舎者の寄せ集め。代々続く、江戸っ子の言葉は「ひ」を「し」と言ったり、男性でも「あたしゃねぇ～」とオネエ言葉のように話したり。全てが洗練されているわけではないと言われても、名古屋にとって東京は唯一、負けを認める大都会。それはもう、DNAレベルの敗北感なのですから、仕方ありません。

▼②大阪より洗練されている？

東京には負けを認める名古屋人ですが、**大阪に対しては、**

「**負けてにゃあ！**」

と俄然、鼻息が荒くなります。

大阪人も名古屋人もケチだと言われていますが、その実態は全く違います。たとえば、大阪人はただ安ければ買いますが、名古屋人は安いだけでは買いません。**大切なのは「お値打ち」か、どうか**です。

この「お値打ち」という言葉、今では全国的に使われていますが、元々は名古屋独特の言葉で、「品質の良いものを特別に安くしている」という意味です。つまり、訳あり品や傷モノなどのB級品は、どんなに安くても「お値打ち」とは言いません。

「お買い得」という言葉に近いのですが、「お値打ち」にはその価値を冷静かつ、厳密に査定しているという名古屋人の倹約魂が込められています。値段が高くても一生使えるような価値があれば、惜しみなくお金を使うのが名古屋人。安いから買う、なんでもかんでも値切って買う大阪人とは本質的に違います。

名古屋人は、本当に「お値打ち」な品だけをレジに運び、お金を支払う時になって初めて、「**もうちょっと負けてちょう**（もうすこし安くしてください）」とさりげなく値切ります。買うか買わないかの駆け引きで値切るのではありません。買うのは決めている、だから安くしろ！という理に叶った値切り法です。

「**３７８０円？　半端だで、負けてもらわなかんわ**（半端な金額だから、安くしてもらわない

NAGOYA
DNA
お静かに
OSAKA
DNA
OSAKA
DNA
負けて
にゃあ〜
TOKYO
DNA
TOKYO
DNA
住むヤツの
気がしれにゃあ

といけませんね）」

とすかさず切り出します。この場合、半端というのは80円ではなく、780円のことです。

「**やめてちょう**（やめてください）。**儲けがなくなってまうがね**（儲けがなくなってしまいますよ）」

とやんわりと断られても、

「**冗談こいとってかんわ**（冗談を言わないでください）。**どえりゃあ儲かっとるでしょう？ このみゃあ、トヨタの、どわらけにゃあたきゃー車を買っとったぎゃあ**（この前、トヨタのものすごく高い車を買っていたじゃないですか）」

とストーカー並の情報収集力を発揮して対抗します。そして見事、値切りに成功しても、それで終わりではありません。支払いが済んで、品物を受け取った時が勝負です。

「**これもオマケにつけてちょうでゃあ**」

とすかさず、粗品を要求するのです。

お値打ち品をさらに値下げさせた上に、オマケまで要求する。恥ずかしいとか、図々しいとか、みっともないとか、関係ありません。買って欲しければ安くしろ！と交渉する大阪人よりも名古屋人のほうが買い物のスタイルが知性的で洗練されている、と思うのは私が名古屋人だからでしょうか。

品質さえ良ければ、中古品でも構いません。名古屋では「いらんものはコメ兵へ売ろう〜」のCMでお馴染みのリサイクルショップ「**コメ兵**」で買ったり、売ったりするのは日常的なことです。決して、安物買いの銭失いにならない。

上質の物を安く手に入れて、長く使う。さらに、後のち、リサイクルショップに売ることも考慮して、なるべくシンプルなデザインで落ち着いた色合いを選ぶことも忘れません。自動車も流行の色よりも、一般的に人気の高い白か黒を選ぶ人が多いようです。

ちなみに、二〇一二年度の都道府県ごみのリサイクル率ランキングは、愛知県は十一位、大阪府は最下位の四十七位です（総務省統計局　社会生活統計指標　都道府県の指標2015より）。リサイクル率の高さは物に対する意識の高さ。物を大切にする点でも、名古屋のほうが大阪よりも上だと言えるでしょう。

▼③「京都は別格」歴史と伝統をリスペクト

名古屋市立の小学校の修学旅行先を調べてみると、99・6％の学校が京都・奈良を含む関西へ出かけ、約93％が京都に宿泊していることがわかりました（公益財団法人　日本修学旅行協会名古屋事務所調べ　平成25年度実施分より）。

東京でも大阪でもなく、京都。大多数の名古屋人は小学校時代から京都の歴史や文化を学び、影響を受けて育っています。名古屋人にはない、京都人のはんなりとした仕草や言葉使いも憧れの対象です。しかも、名古屋にある国宝級の物といえば、金の鯱ぐらいしかすぐに思い浮かびませんが、京都は国宝だらけ。

歴史や文化を重んじる名古屋人にとっては、大都会の東京や食い倒れの大阪よりも、京都のほうがずっと魅力的です。

しかし、名古屋で修学旅行生を見かけることは滅多にありません。

中学校の修学旅行先ランキングによると、一位京都、二位奈良、三位東京。愛知は二十一位以下のランク外です（公益財団法人　日本修学旅行協会　名古屋事務所「教育旅行年報　データブック2013」より）。

名古屋の観光地といえば、名古屋城、徳川園・徳川美術館、名古屋テレビ塔、大須観音、熱田神宮、名古屋港水族館、東山動植物園ぐらいですから、修学旅行先に選ばれることが少ないのも当然かもしれません。修学旅行にトヨタの工場見学をしてもたいして自慢できません。

それに比べて、京都は日本を代表する観光地。一度も訪れたことがなくても、清水寺、金閣寺、嵐山、二条城、三十三間堂、鴨川、伏見稲荷大社……、と名所を諳んじることができます。料理一つとってみても、こってりとした味付けの「なごやめし」に比べて、京都は薄味の豆腐料理や繊細な盛りつけの京懐石。まさに素材の味を活かした料理の数々は、素材の味を赤味噌で意図的に殺している「なごやめし」で育った、名古屋人には新鮮な魅力を感じます。これほど京都に対して憧れを抱いている名古屋人ですが、京都の小学生が、「修学旅行は名古屋に行きたい！」と言ってくれる日は来るのでしょうか？

▼④「札幌・仙台・福岡」に対する優越感と余裕

「三大都市はどこか知っていますか？」と聞くと、東京と大阪はすんなり正解するけれど、最後の一つを名古屋ではなく、他の都市と間違えている人が多いようです。名古屋よりも人口の多い「横浜」と間違えられるのはまだ我慢できますが、「札幌」、「仙台」、「福岡」と間違えられるのだけは許せません！

札幌・仙台・福岡は名古屋にとってライバルではなく、ただの観光地です。

テレビ塔

東山動植物園

「**札幌**」が国内旅行先として長年にわたって根強い人気があるのは、狭い国土の中で「北の大地」への強い憧れがあるせいでしょう。

札幌の観光名所といえば、「さっぽろ雪まつり」のメイン会場の「大通公園」、「札幌市時計台」、「札幌テレビ塔」、「北海道大学植物園」、「円山動物園」、「モエレ沼公園」、「札幌もいわ山ロープウェイ」など。その他、二〇一一年にできた「札幌駅前通地下歩行空間　チカホ」（札幌駅周辺地区と大通り・すすきの地区が地下で繋がっている）がありますが、名古屋の地下街は日本最古の歴史を持つ上に、地下都市のように発展しています。名古屋地下街（サンロード）が開業したのは昭和三十二年三月。今では、名古屋駅周辺だけでも、「**新名フード地下街**」、名駅地下街「**メイチカ**」、「**ミヤコ地下街**」、「**名古屋近鉄ビル地下街**」、「**ユニモール**」、「**エスカ**」、「**ゲートウォーク**」など、地上よりも地下のほうが賑やかなほどです。観光地として負けても、地下街は断然、名古屋の勝ちです。そんなことで負けても、札幌人はなんとも思わないでしょうけど。

三大都市に「**仙台**」を入れるのは、東北人だけです。

観光名所は、「青葉城址」、「秋保大滝」、「青葉山公園（仙台城跡）」「大崎八幡宮」など。名

古屋との共通点は三大ブスの名産地（水戸・仙台・名古屋、根拠不明）だということぐらいで、名物の「ずんだもち」、「牛タン」、「笹かまぼこ」も「なごやめし」ほどのインパクトはありません。仙台の英雄「伊達政宗」が作らせたと言われている「仙台味噌」は赤味噌ですが、米麹と大豆で作られているので、大豆だけで作られている八丁味噌とは別物です。そもそも伊達政宗より、名古屋の誇り「三英傑」のほうが地位は上ですから。

「福岡」といえば、名古屋人の天敵「タモリ」の出身地。観光名所は、「太宰府天満宮」「門司港」、「白糸の滝」、「大濠公園」「中洲屋台横丁」などで、名物は、「辛子明太子」、「博多ラーメン」、「博多水炊き」、「梅ヶ枝餅」など。福岡人は、派手好きで目立ちたがり屋だと言われていますが、福岡出身のタレントやミュージシャンが多いのは県民性かもしれません。福岡人に比べて名古屋人は謙虚なので、わかりきったことを言うのは心苦しいのですが、人口も市内総生産も個人預金残高も名古屋のほうが上です！（※国内銀行の都道府県別預金　二〇一五年八月末日本銀行調べより）三大都市に福岡を入れる人は、ジョークのつもりで言っているに違いありません。笑ってあげましょう。

▼⑤「神戸・横浜」は別格

名古屋人は基本的に東京以外の地域の人には優越感を抱いていますが、「神戸」と「横浜」だけは別格です。実は、**神戸人・横浜人・名古屋人は出身地を聞かれた時、絶対に「県名」で答えない**という共通点があります。

「兵庫県」ではなく、「神戸」。「神奈川県」ではなく、「横浜」。もちろん、名古屋人も「愛知県」ではなく、「名古屋」。同じ県の中でも自分たちは格上だという選民意識が強いのです。他にも、港があるという共通点がありますが、「神戸港」や「横浜港」と比べると、「名古屋港」は知名度も低く、情緒もありません。

名古屋港水族館におけるウミガメの飼育技術が世界レベルでも対抗できません。

神戸港は、幕末の一八六七（慶応三）年に開港して以来、日本を代表する国際貿易港。神戸に外国人居留地が誕生し、西洋の最新文化や生活習慣が流入したことから、エキゾチックで「ハイカラな町」となりました。観光名所は、神戸ポートタワー、北野・異人館、元町・旧居留地、メリケンパーク、ハーバーランド。

ちなみに、名古屋発祥といえば、パチンコ・スーパー銭湯・漫画喫茶ですが、神戸発祥といえば、ゴルフ場・パーマネント・花時計。悔しいけれど、神戸発祥のほうがお洒落です。

一方、横浜港は、神戸港より九年早い、一八五九（安政六）年に開港以来、国際文化の交流地として歴史を重ねて来ました。観光名所は、横浜赤レンガ倉庫、横浜中華街、元町、港の見える丘公園、みなとみらい21、山下公園など。

名古屋人が憧れているのは、神戸と横浜が持つ、異国情緒。名古屋人から見ると、神戸はモダンな関西、横浜はハイセンスな関東。名古屋にはない、洗練されたイメージがなんとも羨ましい。経済力では決して負けないけれど、そのイメージの良さに関してだけは、密かに劣等感を抱き、ライバル視もしています。

ナゴヤ全書（中日新聞連載「この国のみそ」）によると、江戸後期、横浜（神奈川湊）と神戸（兵庫津）が発展のきっかけをつかめたのは、名古屋の知多半島の「尾州廻船」が両港間を頻繁に往来して活気をもたらしたからだそうです。

名古屋の商船のお陰で、今の神戸と横浜がある！と、素直に思えたら、劣等感が薄れるかもしれませんが、そんなに簡単な問題ではありません。

名古屋の本当の敵は、名古屋人が「名古屋」に対して抱いている「過剰な劣等感」かもしれません。この劣等感を払拭できたら、名古屋は最強の都市になるでしょうが、良くも悪くも

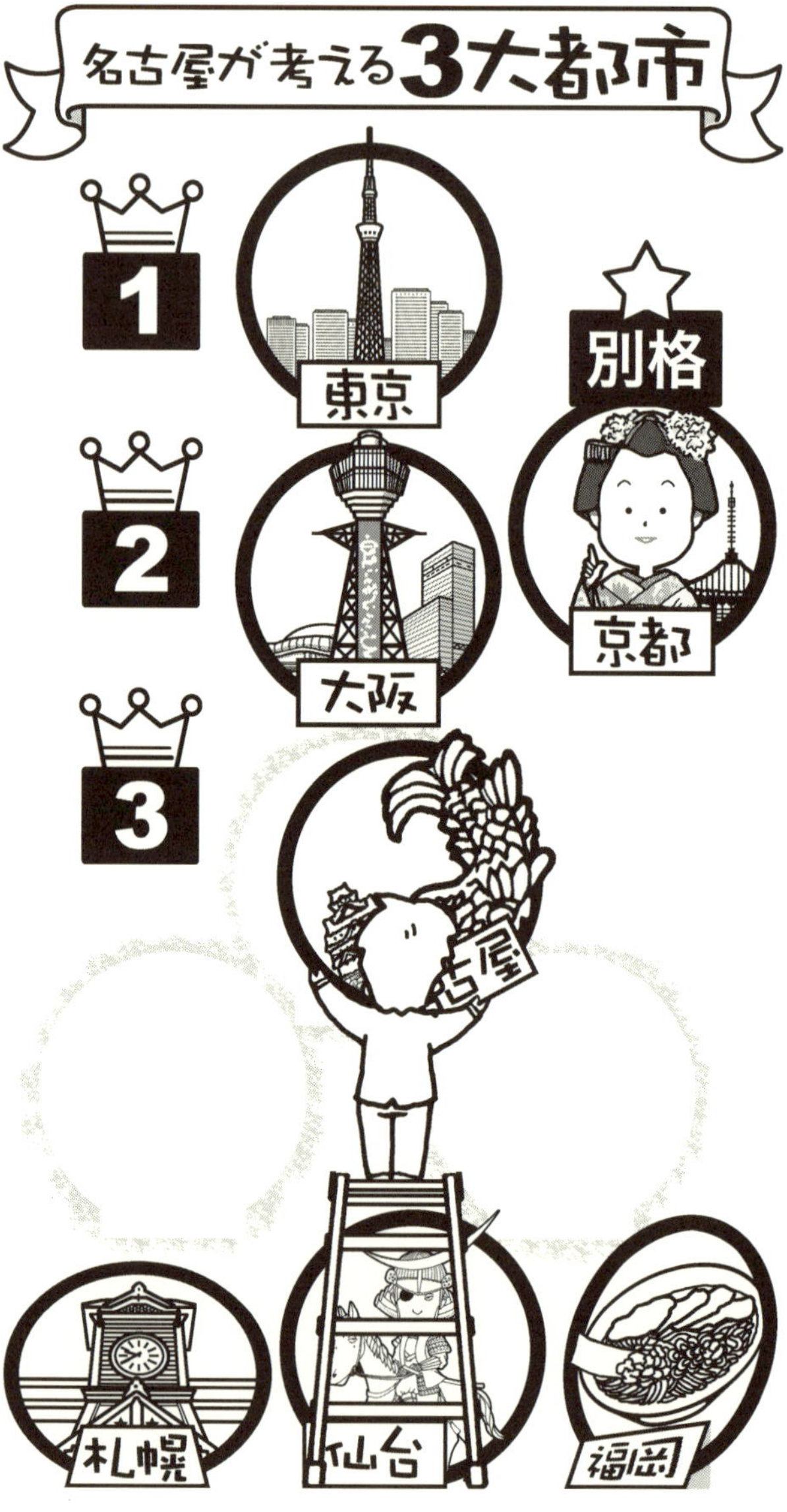

「名古屋らしさ」が失われてしまうのはもったいない気がします。適度な劣等感と優越感をバランス良く持つことが必要です。

第3章

名古屋人の見栄と合理性　冠婚葬祭

1 名古屋の結婚式は派手？

一九八〇年代に東海テレビ制作のテレビドラマ「**名古屋嫁入り物語**」が放映されたことをきっかけに、名古屋の派手な結婚式が広く知られるようになりました。以来、「日常生活では節約して切り詰めているケチな名古屋人が、結婚式では見栄を張るためにここぞとばかりにお金を注ぎ込む」というイメージが定着してしまいました。

たしかに、名古屋では「**娘が三人いると身上がつぶれる**」「**嫁をもらうなら名古屋から**」と言われているほど、新婦側が結婚にお金をかけます。

といっても、挙式・披露宴一件当たりの費用が最も高額なのは千葉県の597万円で、二位は神奈川県の411万円、三位は山形県の395万円。愛知県は十六位の324万円で、全国**平均より14万円高いだけ**です（平成25年　特定サービス産業実態調査　冠婚葬祭業　事業従事者5人以上の部より）。

名古屋は物価が安い上に、一流ホテルではなく、専門の式場、結婚式場を利用する人も多いため、費用が抑えられるせいもあります。ちなみに、結婚式場も名古屋が発祥の地です。しかし、これには諸説あり、昭和の初めに東京の目黒雅叙園（当時は料亭として営業）が結婚披露宴を行なったのが結婚式場の始まりとも言われています。名古屋人としては、名古屋発祥地説を推したいところですが。

発祥地問題はさておき、昭和三十年代初頭までは自宅で挙式・披露宴を行なうことが一般的でしたが、出席者が増えた場合など、自宅では対処しきれなくなったので、専用の式場があったら助かるという声に応えて結婚式場が誕生したと言われています。冠婚葬祭という人生の大切な節目に際してはお金に糸目を付けない名古屋人。結婚式場は大ヒットして、名古屋を中心に発展していきました。その結果、今では結婚式だけではなく、成人式のお祝いから、葬儀や法事まで行なえる「冠婚葬祭の式場」が全国に誕生しました。

昔の結婚式場は、実質本位の会場が多かったのですが、近年では、流行のゲストハウスウェディング、レストランウェディング、ガーデンウェディングなども行なえるように進化し、時代のニーズに応えています。しかも、名古屋駅周辺や繁華街の栄など、交通の便の良い一等地に多くありますので、利便性も抜群です。

▼名古屋人が最もお金をかけるのは結納と嫁入り道具

さて、名古屋の挙式・披露宴にかける金額が特別高くないのは、名古屋の結婚式場が格別に安いからではありません。実は、名古屋人が最もお金をかけるのは結婚式ではなく、結納と嫁入り道具なのです。

新郎が新婦の家に支払う結納金は、全国的には100万円が相場で、名古屋も同等の金額が一般的と言われていますが、実際は200万円から1000万円を請求する家もあるようです。名古屋の結納返しは、御袴料として結納金の約1割を新婦から新郎へ返します。ちなみに、関東では半返し、関西の一部では結納返しなしのところもあるそうです。

名古屋では、**新婦側は嫁入り道具として、婚礼家具一式、着物、家電製品、時には自動車も用意する**のですから、高額な結納も妥当な金額と言えるでしょう。この他にも、**婚約指輪、結婚指輪、新婚旅行の費用**もありますので、結婚するためには莫大な金額が必要となります。使う時には景気良くドーンと使う名古屋人の本領発揮です。

ここで注目すべきは、嫁入り道具を新居に搬入する前に、まず新婦の自宅に運び込み、親戚縁者や近隣の人たちに**お披露目**することです。娘のためにこれだけの物を用意したという親心と甲斐性を存分にアピールします。和箪笥の中には豪華な着物一式も入っていることに気づいてもらうために、引き出しは開けたままにしておくという心配りも忘れません。

すんなり新居に搬入すれば、二度手間にならず、運送費も節約できるのですが、これは必要不可欠な経費です。親の立場からすると、このために日々節約して来たのですから、運送費が倍になっても全く気になりません。

さらに、嫁入り道具を見学に来た人たちからの賛辞は、娘の心も動かします。

「どわらけにゃあ両親に愛されとったんだねぇ。恩返しできるように頑張らなかんわ」

と。そして今度は、未来に生まれてくるかもしれない娘のために日々節約をして、コツコツと貯金を始めます。

▼レンタルもあるでよぅ

もし、経済的に余裕がなくても大丈夫！　嫁入り道具のレンタルもあります。

名古屋人は滅多なことでは借金なんてしません。嫁入り道具をレンタルして、あたかも全部購入したかのようにお披露目すれば、経費削減できます。

なんだ、名古屋人は見栄のためだけに嫁入り道具を用意するのかと思われそうですが、違います。揃えた嫁入り道具は、値段が高くて品質のよい「**一生もの**」ばかりなので、家電製品や自動車はさておき、家具や着物は一生、買い替える必要がありません。まさに「お値打ち」です。

万が一、離婚することになっても、嫁入り道具を売り払えば当面の生活には困らないだろうという親の想いやりも込められています。

親の死後、娘に財産を相続させようとしたり、生前贈与をしたりすると、税金がかかりますが、どんなに高額な嫁入り道具を用意しても、相続税はかかりません。いわば、**税金のかからない生前贈与**なのですから、倹約好きの名古屋人が結婚にお金をかけるのは当たり前のことかもしれません。

▼「嫁入り」をお披露目する

嫁入り道具をお披露目した後は、いよいよ新居に納める「**荷物納め**」が行なわれます。これは名古屋の伝統的な婚礼行事の一つで、最近ではあまり見かけなくなりましたが、昔は紅白の幕を張ったトラックや、婚礼家具がよく見えるように荷台がスケルトン仕様のトラックで運ばれていました。この嫁入りトラックは前進のみで、「出戻り」を連想させるバックはしないこ

寿
02號
寿
寿
バック禁止

とでも有名です。いくら名古屋の道路が広くても、どうしてもバックしなくてはいけなくなる場合もあります。その時は、相手方の車にご祝儀を払ってバックしてもらい、解決します。

そしていよいよ、結婚式当日、**「菓子まき」**を行ないます。

新築時の棟上げの餅まきと似ていますが、「菓子まき」の菓子はビニール袋に小さな箱菓子や袋菓子を詰め込んだものが多いようです。

名古屋駅からほど近い、西区の名道町には菓子問屋街があり、「嫁入り菓子」をお値打ち価格で購入することができます。大都市でありながら、近所との繋がりが根強い名古屋では町内会や子ども会も盛んなので、お祭りや集会があると、この菓子問屋街を利用しています。勿論、値切るし、オマケも要求します。

新婦の自宅、二階のベランダや屋根の上から、寿の文字が入った菓子をまくのですが、さすがに新婦は屋根の上には上がりません。両親と共にベランダに現われ、嫁入りの挨拶と花嫁姿のお披露目も兼ねて盛大に菓子をまきます。

この風習も最近ではあまり見かけなくなりましたが、昔は「菓子まき」があると聞くと、我先にと駆けつけて菓子を拾ったものでした。お祝いものは縁起がいい、しかもタダで拾い放題。近所のおばちゃんたちが特別に誂えた大きなエプロンを広げたり、開いた傘を逆さにしたりして、子どもたちを押しのけながら、必死に菓子を拾っている姿が忘れられません。美しい花嫁姿よりも、近所のおばちゃんの殺気走った顔が強烈なインパクトを放っていました。初めて見た子どもは熱を出して寝込んだに違いありません。

2 「名古屋嬢」の婚礼事情

二〇〇五年に愛知県で開催された「**愛・地球博**」が注目されると共に、「**名古屋嬢**」も話題になりました。「名古屋嬢」とは、名古屋で生まれ育った箱入り娘のお嬢様の俗称で、「名古屋城」と「名古屋のお嬢様」をかけて命名されました。昔から、名古屋のお嬢様と言えば、伝統のあるお嬢様学校の**椙山**《すぎやま》**女学園・愛知淑徳学園・金城学院**のローマ字表記の頭文字から、「**SSK**」と呼ばれていて、三代続く「SSK」の「名古屋嬢」もたくさんいます。

名古屋は、仙台と水戸と並んで「三大ブスの産地」と揶揄されたことがありましたが、「名古屋嬢」が注目されたお陰で若干イメージアップできたようです。

▼お買い物の方法

名古屋嬢の特徴は、派手でありながらコンサバティブなファッションとメイク、ヘアスタイルは、トップにボリュームを出し、縦巻きロールのロング。いわゆる「盛り髪」が「**名古屋巻き**」として、東京のファッション誌に取り上げられると、全国的に評判になりました。「名古屋巻き」は小顔効果もあり、地味な顔立ちでも華やかに見える上、男性受けがいいので、箱入り娘「名古屋嬢」の意図に反して、キャバ嬢が真似をするようになりました。

さて、名古屋嬢が洋服やアクセサリーを購入するのは、セレクトショップやファッションビルではなく、**昔ながらの百貨店が多い**のも特徴です。

真の名古屋嬢は裕福な家庭で育ち、両親と同居していますから、百貨店の外商を利用したり、血のつながりのある本当の「パパ」が支払ったりしてくれます。

派手なブランド品が大好きな名古屋嬢は、大阪人と同様に、ブランドのロゴが入っている商品を選びます。せっかくブランド品のバッグを持つのなら、誰が見てもそのブランドだとわからないと意味がありませんから。

名古屋では、母娘で買い物をする姿をよく見かけますが、母親はお財布代りに同行させているのかもしれません。

「**ママと二人で一緒に使えば、半額で買ったのとおんなじだがね～**」

と言われると、つい財布の紐を緩めてしまいます。

百貨店でブランドの靴を買ったあと、リサイクルショップでお値打ちのバッグを購入するなど、お値打ち品を買うためには手間を惜しみません。たとえ、百貨店でも値切るのが名古屋人の特徴です。

▼「つれネットワーク」で万全

さて、近ごろの名古屋嬢は、愛・地球博の頃のように派手な「名古屋巻き」をしている人は少なくなりましたが、派手&コンサバティブというファッションは健在です。結婚に対する意識は高く、早く結婚して、若いうちに出産したいという名古屋嬢が多いようです。

名古屋では何事にも「**つれネットワーク**」と言われる、知り合いの知り合いの情報網が力を発揮しますが、縁談に関しても同じです。

「**つれのつれのつれの息子さんが嫁さんを探しとるんだけど、どこぞにええ娘さんはおらんきゃあ?**（どこかにいい娘さんはいませんか？）」

と男女問わず、全名古屋人が「お見合いおばさん」の役割を果たしてくれますから、心強い。しかも、大事に育てた子どもが名古屋から離れてしまわないように、暗黙の了解で名古屋人同士を結び付けようとしますので、どんどん名古屋しか知らない名古屋人が増え続けて、その独自性を強化して行きます。

新居探しも「つれネットワーク」で簡単に解決。婚礼にどんなにお金が掛かっても、パパとママが払ってくれるから安心です。

3 名古屋の葬祭も独特？

名古屋の通夜も葬儀も一般的なものですが、**通夜に参列する際、香典とは別に「淋見舞い（さびしみまい）」と言われる食べ物を持参する**のが独特の風習です。

名古屋市内では主に、お饅頭などのお菓子を持参することが多いのですが、地域によっては、おにぎりやサンドイッチを持参することもあるそうです。持参した淋見舞いは一旦霊前に供えたあと、すぐに下げられて、故人を偲んで食事をする「通夜ぶるまい」の席で参列者に配られ、その場で食べてしまいます。それぞれが淋見舞いを持って来ますから、思いがけず参列者が増えて、「通夜ぶるまい」が足りないなどという事態はありません。たくさん集まり過ぎて余ってしまったら、参列者にお土産として持って帰ってもらえますので、一つも無駄にすることはありません。

名古屋の和菓子屋には必ず「淋見舞い」の「のし紙」が用意されていますので、全国的な風

淋見舞いは、お饅頭かお菓子、
または現金を包んで持っていきます。
どこに
売ってるのよ！
名古屋に着いてから
買えばいいじゃない

習だと思っている名古屋人が多いようですが、東京では通じませんので注意が必要です。

それにしても、名古屋らしい合理的で良い風習だと思うのですが、なぜ全国に「淋見舞い」が広まらないのか不思議でなりません。

▼精進落としに「涙汁」

愛知県の東部や三重県の桑名市では、葬儀後、精進落としの料理と共に**「涙汁」と呼ばれる「胡椒と唐辛子入りの激辛汁」が振る舞われます。**

地域によっては、「こしょう汁」とも呼ばれているそうですが、なぜ激辛汁を飲むのか、その理由を知らないまま、飲んでいる人も多いようです。

一説によると、飲むと辛くて涙が出るので、悲しくて流す涙を隠すためと言われています。涙を隠すどころか、辛過ぎて余計に涙が出てしまい、大変だったという人もいれば、みんなが泣いているのに泣けなくて困っていたけれど「涙汁」で涙が出たので助かったという人もいます。

淋見舞いには甘い饅頭、精進落としには激辛の「涙汁」。まるで人生の縮図のようではありませんか。この風習も是非、全国区になってほしいですね。

4 名古屋人は「花盗人」？

挙式や披露宴で豪華な花が飾られている場合、お開き後に列席者に配ったり、二次会の会場に運ばれたりすることがありますが、その多くは破棄されてしまいます。しかし、名古屋では花一輪たりとも無駄にしません。お開きと同時に、何の許可も取らずに、勝手に抜き取ってしまいます。自分のテーブルの花だけではなく、メインテーブルの花もウェディングケーキの装花も全て抜き取って持ち帰ります。

新装開店の花も同様です。一般的に、新装開店の際、店頭に飾られる花輪は閉店後などに花屋さんが回収に来て、破棄するようです。しかし、もったいないことが大嫌いな名古屋人は、高価な花が捨てられることを黙って見過ごせません。開店と同時にすべての花を抜き取って持って帰ってしまいます。その店を利用するとかしないとか関係なく、近隣の人はもちろん、ただ通りかかった人も**何のためらいもなく、一気に群がって抜き取ります。**

お店側としては、初日の閉店時間までは飾っておきたいところですが、名古屋人は容赦がありません。祝い花がなくなることは、商売繁盛に繋がると言われていますので、良いことなのですが、名古屋人のすごいところは、**祝い花だけでなく、葬式の花輪の花も全部、抜き取るところです。**

通夜・葬式の時から、どこにどんな花があるかチェックしています。狙い目は高価なカサブランカと胡蝶蘭。ハンカチで涙を拭いながら、位置確認だけは忘れません。なるべくすぐに駆け寄れる場所をキープし、最短の移動経路を頭の中でシミュレーションしています。

抜き取り開始の合図は、故人を乗せた霊柩車が鳴らす出発のクラクション！両手を合わせて、霊柩車を見送りながら、狙った花輪へまっしぐら。花輪は一瞬にして丸裸になります。お互いの戦利品を披露し合い、満面の笑みになりながらも、**「ええ葬式だったね〜。故人も喜んどらっせるわ**（喜んでいるわ）」と故人を偲ぶ気遣いも忘れません。名古屋人は、葬儀の花は不吉だとか、縁起が悪いとか、全く思いません。もらってすぐ自宅の玄関やリビングに飾ります。

実は、**花の生産量日本一の名古屋**。持ち前のもったいない精神で、一輪の花も無駄にせず、最後まで活かしています。名古屋以外の皆さんも是非、見習ってください。

第4章

名古屋弁から推察する名古屋人気質

名古屋を語る上で忘れてはならないのが、独特の名古屋弁です。『名古屋方言の研究』（方言学者　芥子川律治著）によると、名古屋の言葉は江戸時代に人口約十万人という大都会で生まれ、名古屋弁は名古屋人が三百年以上かけて作り上げた独特の文化で、意外なことに、アクセントなどはほぼ東京的ですが、語法や語彙などは西の方言の影響も受けているそうです。東西両方言の交錯地帯に位置しているため、両方の方言の特質を併せもっている名古屋弁。

▼訛り具合のさじ加減

故郷の言葉を誇りに思っているため、故郷を離れても方言を使い続けている人が大勢います。すっかり市民権を得た関西弁、おおらかな博多弁、のんびりした沖縄弁、のどかな東北弁などなど。故郷の外でも方言を話すことによって、打ち解けたり、話題が広がったり、メリットのほうが多いからかもしれません。

しかし、名古屋人は違います。**名古屋人以外と話す時は、極力、名古屋弁を隠します。**それは前述した通り、名古屋弁の泥臭いイントネーションと、濁音の多さを、汚い、恥ずかしいと思っているからに違いありません。

一言で言うと「田舎くさい訛り」なんです。

しかし、当然のことながら、名古屋人同士のコミュニケーションにおいて、名古屋弁は重要な役割を果たします。名古屋弁は「田舎くさい」からと恥ずかしがって、無理に共通語（標準語）を話そうとすると、

「なに気取っとるの？」

と白い目で見られます。

かといって、コテコテの名古屋弁を話すと、

「どえりゃあ訛っとるで、ビックリこいてまったわ（すごく訛っているので、驚いてしまいました）」

とドン引きされてしまいます。この訛り具合のさじ加減が難しい。

身内や顔見知りと話す時は何の問題もないのですが、初対面の場合、相手の名古屋弁の度合いに合わせて、さりげなく名古屋弁を調整しなくてはいけません。

いちいち煩わしいと思うかもしれませんが、これをクリアできないと人間関係に亀裂が入り、平穏に暮らすことはできないので、みんな必死に対応しています。

名古屋人は、お互いの名古屋弁の使い方で、相手の生まれ育った生活環境や経済水準、知的

レベルまで推測することができる、と言っても過言ではありません。初対面の若い男女が、同じ名古屋弁の度合いで自然に話すことができたら、相性がいい証拠です。すぐに結婚してください。必ずうまくいきますから！何かあっても責任は取りませんけど。

▼コンプレックスの根源？

さて、前述の「ビックリこく」の「こく」というのも、ちょっと下品な言葉ですが、「する」とか「言う」とかいう意味です。

たとえば、「嘘こく（嘘をつく）」の実用例は、

「**おみゃーさん、嘘こいたでしょう？　嘘こかんといて〜**（あなた、嘘をついたでしょう。嘘をつかないでください）」

「**なに言っとりゃーす。嘘なんかこいとれせんわ**（何を言っているんですか？　嘘なんてついていませんよ）」。

ちなみに、屁が出た場合は、

「**へぇ〜こいてまった**」

と、「屁」を「へぇ〜」と間延びして言うのもまた垢抜けない印象です。しかし、伸ばさずに「へ、こいてまった」と言うと、間が抜けた感じになります。ここはやはり、「へぇ〜こいてまった」のほうがしっくり来ます。どうです？　こんな名古屋弁に憧れますか？

名古屋人の田舎者コンプレックスの根源にあるのが、この名古屋弁です。

名古屋弁のせいで独特の名古屋人気質になったのか、名古屋人気質が名古屋弁を形成させたのか。鶏が先か、卵が先か？　どちらが先なのかわかりませんが、この章では、名古屋弁の特徴から、名古屋人気質を読み解きたいと思います。

▼①「みゃあ」から推察——同調性を重んじる名古屋人

いきなり猫語？と驚かれたかもしれませんが、名古屋弁の語尾につける「みゃあ」は英語で言うと「Let's〜」で、「〜しよう」という意味です。

使用例は、

「**やろみゃあ**（やりましょう）」
「**行こみゃあ**（行きましょう）」
「**食べよみゃあ**（食べましょう）」

何かを提案するたびにいちいち発情期の猫のように、「みゃあ」「みゃあ」言うので、猫好きの人には可愛く聞こえるかもしれませんが、耳障りに聞こえる人のほうが多いようです。

そこで、「みゃあ」が耳障りだと思う人に朗報です。

なんと、「みゃあ」の代わりに「**まい**」を置き変えて使うことができます。

「まい」というと一般的には、否定の推量「～することはないだろう」や否定の意志「～しないつもりだ」という意味ですが、名古屋弁では「みゃあ」と同様に「～しよう」という意味で使います。

したがって、

「**喫茶店に行こみゃあ**（喫茶店に行きましょう）」

と誘った時に、

「**行こまい**」

と返事が来たら、それは「行かない」という否定の意味ではなく、「行こう」という賛同の言葉ですから、お間違えなく。

さらに、強い賛同の気持ちを表現する時は、「行こまい、行こまい」と重ねて言う場合もあります。

地域によって違いますが、どちらかと言えば、「まい」よりも、「みゃあ」を使うことのほうが多いようです。

名古屋中に「つれ（知り合い・友人）」がいる名古屋人は、基本的に一人では行動しませんので、**一日に何度も「みゃあ」を語尾につけて誘ったり、誘われたりします。**

東京では「お一人様」と言って、一人で食事したり、お酒を飲んだりする若い女性が話題になりましたが、名古屋ではあまり見かけません。

もし、年頃の娘が近所のレストランに入って、一人で食事をしていたら、翌日には一大ニュースとして町内中に広まってしまいます。縁談がダメになったとか、家族でケンカしたとか、勝手に推測して心配します。

あれこれ詮索されたくなかったら、お一人様で行動せず、「みゃあ」の誘いに乗ったほうが安心です。

また、名古屋弁独特の**高低差の激しいイントネーション**からも名古屋人の同調性を読み解くことができます。

名古屋弁のイントネーションは、一九八〇年代後半のバブル期に流行った女子大生言葉に少し似ています。

「私ってぇ〜、こう見えてぇ淋しがり屋なんですよぉ〜、一人では暮らせないって言うかぁ〜」

と、尻上がり半疑問形で語尾を伸ばし、絡みつくような喋り方をするのが、バブル期の女子大生言葉です。

これを名古屋弁に変換すると、

「私ってぇ〜、こう見えてぇ〜、淋しがり屋だもんでぇ〜、一人では暮らせーへんでかんわ〜」

という具合です。

ね、似てるでしょう? ただし、名古屋弁のほうは、私の「わ」、見えての「え」などに強いアクセントがあるので、一段と粘りっ気のある印象になり、女子大生の甘えとか可愛らしさは完全に消えてしまいます。可愛い印象を与えるはずの半疑問形の言葉尻からは、相手がどう思っているのかを探っているように感じられ、オバサンの愚痴のように聞こえるのが残念です。

名古屋人はみんなと同じでないと安心できない気質なので、喋りながら、相手の表情を読んだり、リアクションを待ったりするために、語尾を伸ばしているのかもしれません。江戸っ子が歯切れのいい話し方をするのとは対極にあります。

名古屋人は基本的に目立ったり、人と違うことをするのを嫌います。みんなと同調しているか、同じ気持ちかどうか、粘りっこい話し方で探り合い、確認し合いながら話しているのでしょう。ただの雑談だと思って、**適当に相槌を打っていると、知らないうちに相手を憤慨させていて**、絶交されるかもしれません。たとえ世間話でも油断禁物です。

▼②間延びした語尾で念押し——慎重で猜疑心の強い名古屋人

名古屋弁は語尾に**「みゃあ」「ぎゃあ」「だがね」「だぎゃあ」「だに」**を付けることが多いのですが、中でも**「〜でしょう?」**という言葉を付ける場合は、相手に同意を求めたり、自分の記憶を確認したいという意識が働いています。

「〜でしょう?」は共通語と同じ意味ですが、名古屋弁の場合は、「で」、「し」、「ょ」、「う」全部を強調するように話します。「う」を「お」に近づけて言い、語尾を伸ばして尻上がりにすると、名古屋弁らしくなります。

たとえば、

「**私は嫌だって言っとったのに、おみゃあさんがやれって言ったで、やったんでぃぃ、しょう～？**」

と言うと、相手に同意を求めつつ、責任をなすりつけるという二重の意味を込めることができます。共通語で「あなたがやれって言ったじゃないですか」と言うと軽く感じられ、相手に逃げる隙を与えてしまいます。

一方、反論する場合は、

「**まあ～、ええて言っとるでぃぃ、しょう（…）～？私のせいにしたいんでぃぃ、しょう（…）～？**」

と粘りっ気たっぷりのイントネーションで言い、相手に罪悪感を抱かせます。

文字に表記すると伝わりにくいのですが、独特の名古屋アクセントとイントネーションでの攻防はなかなか興味深いです。

念押ししながら、相手の出方を見る。何気ない言葉ですが、こんなところにも警戒心と猜疑心が強く、何事にも慎重な名古屋人気質が現われています。

▼イントネーションとアクセントは隠せない

名古屋人は共通語を話していると思っていても、名古屋弁独特のイントネーションと強いアクセントを修正するのは容易いことではありません。

余談ですが、私が上京して、劇団の養成所に入った時のこと。

初日に、「柏木です」と自己紹介をすると、声楽のM先生は衝撃的な一言を口にしたのです。

「あなたの名前はそうじゃないわ」

そうじゃない⁉　私は「柏木」という名前じゃないってこと？

母と同年代のM先生は黙って私を見つめています。

もしや先生は私の生き別れのお母さん？　私の本当の名字は柏木じゃなく、M？

言葉を失った私にM先生は、

「カ‖しわぎ、ではなく、かしわぎです」

と一言。

カにアクセントのある「カ‖しわぎ」ではなく、平板読みの「かしわぎ」だと訂正したのです。

自分の名前を訛ってた!?　名古屋に住んでいても、完璧な共通語を話していると思っていた私の自信は一瞬で崩れ落ちました。

その後、アクセント辞典を購入して勉強したところ、**名古屋弁には鼻濁音がない**ということも初めて知りました。共通語では、助詞の「が」「ぎ」「ぐ」「げ」「ご」は、鼻にかかった濁音（鼻濁音）にするのですが、名古屋弁の場合、はっきりと強調するように発音します。名古屋弁が泥くさく聞こえるのは、鼻濁音がないことも関係しているでしょう。

さらに、名古屋弁は東西の方言が入り混じっているため、共通語のままのアクセントの言葉も多く、どれが正しいイントネーションとアクセントなのか、気づくことが難しい方言だと思います。

とはいえ、共通語を話すことが不可欠な仕事や環境でなければ、どこにいても名古屋弁で話せばいいと思うのですが、実際に話すと、クスクス笑われたり、聞き返されたりするので、すぐに心が折れてしまいます。

▼③「かん」「まう」「せん」言葉の省略と強調――節約の美学

名古屋弁には、言葉の脱落による省略語が多くあります。

節約好きの名古屋人は言葉の省略によって、話す時間も節約しています。

「**かん**」は「いかん（駄目）」の「い」を省略した言葉です。

「**してかん**（してはいけません）」

「**やってかん**（やってはいけません）」

「**見てかん**（見てはいけません）」

などのように、末尾に付けて使用するのが一般的ですが、時には「かん」を単独でも使います。

実用例は

「**遊んでばっかおるで、かんのだわ！**（遊んでばかりいるから、駄目なんですよ）」

単独で使用する場合は、怒りを込めて

「かん」

を一段と強調して言います。

元々の「駄目だ」「いけない」という意味の中に、「成績が下がる」「先生に怒られる」「人として失格」「地獄へ落ちる」など、様々なニュアンスを込めることができます。

激怒した場合は、

「まあかん！」

と叫びます。「もう我慢の限界だ。許せん！　覚悟しろ！」という意味です。夫婦喧嘩の時、妻が「まあかん！」と叫んだら、離婚を覚悟して、すぐに逃げてください。

「**まう**」は、「〜してしまう」を省略した言葉で、「まった」に変化すると、「〜してしまった」という意味になります。

　実用例は、

「**早くせんとバスが行ってまう！　あ〜あ、行ってまった**（急がないとバスが行ってしまいますよ！　あ〜あ、行ってしまいました）」

急いでいる時、この省略語の「まう」はとても便利です。

「**せん**」は、「〜しません」という否定語の省略語です。

「**言っとれせん**」は「言っていません」

「**やっとれせん**」は「やっていません」

という意味です。

実用例は、

「**洗濯をせんとかんのに、やっとれせん。聞いとれせんかったの？**（洗濯をしないといけないのに、やっていないじゃないですか。ちゃんと聞いていなかったのですか？）」

これだけ「せん」を連発されたら、「すみません」と言うしかありません。

このように、名古屋弁の省略語は、ただ単に省略するだけでなく、意味を強調する要素が大きいようです。効率よく、相手に伝える。無駄なことが嫌いな名古屋人らしい言葉だと言えるでしょう。

▼④「みえる」──複数の意味を持つ言葉　仲間意識の現われ？

名古屋弁の「**みえる**」は、「いらっしゃる」という敬語と、そのままの意味「見える」、二つの意味で使います。

敬語の「みえる」は共通語だと思っている名古屋人が多いようですが、**生粋の名古屋弁**です。

実用例は、

「**先生、みえた？**（先生はいらっしゃいましたか？）」

「**まだみえとらんよ**（まだいらっしゃっていませんよ）」

「**あそこに見えとるがね。ああ、みえた、みえた**（あそこに姿が見えますよ。ああ、今、いらっしゃいました）」

目で見えているのか、そこにいるのか、この違いは話の流れと、言い方のニュアンスで判断しなければなりません。なかなか難易度が高い名古屋弁です。

▼⑤「ご無礼する」──三つの意味を持つ敬語

さて、この「みえる」よりも難易度が高いのは、「ご無礼する」です。

「帰る」「失礼する」「遠慮する」という三つの意味を持つ敬語です。

実用例①「帰る」の意味

「どえりゃあ長居してまったがね。そろそろご無礼します（すごく長居をしてしまいました。そろそろ帰ります）」

実用例②「失礼する」の意味

「やっとかめだなも〜。すっかりご無礼してまって〜（久しぶりですね。長らくお目にかからず失礼しました）」

実用例③「遠慮する」の意味

「こんなにようさん貰ったらバチが当たってまうでご無礼します（こんなたくさん貰ったらバチが当たるので遠慮します）」

どの意味で「ご無礼する」を使っているのか、瞬時に判断しなければなりません。

このように複数の意味を持つ名古屋弁を多用することで、相手が自分の仲間なのか、よそ者なのか、見分けているのかもしれません。

閉鎖的だと言われている名古屋人気質は、「みえる」「ご無礼する」からも推察することができます。第4章はこれで、ご無礼します。

名古屋弁
4つのキーワード
アクセントとイントネーションは隠せない
1 同調性
「みゃあ」または「まい」
ネコカフェ、行こみゃあ
行くまい、行くまい♪
2 慎重さ
「でしょう」という語尾
私のせいにしたいんでしょう〜?
3 節約の美学
「かん」「まう」「せん」

まあかん!
4 複数の意味
「みえる」「ご無礼する」
すっかり無礼してしまって〜
わっちの方こそ

第5章
「隠れ名古屋人」を炙り出す

1　全国に潜伏している「隠れ名古屋人」

「隠れ名古屋人」とは、「**名古屋出身だということを隠して暮らしている名古屋人**」のことです。

かつてお笑い芸人の「はなわ」が佐賀県の自虐ソングでブレイクし、隠れ佐賀県人の存在を笑いに変えていましたが、名古屋の外で暮らす名古屋人の多くは、「隠れ名古屋人」として全国に潜伏しています。一般人はもとより、政治家やスポーツ選手以外の名古屋出身の有名人のほとんどが「隠れ名古屋人」です。

名古屋出身の有名人と言えば、第76代・77代内閣総理大臣の**海部利樹**。写真家の**浅井慎平**。俳優の**舘ひろし**、**森本レオ**、**竹下景子**、**かとうかずこ**、**松下由樹**、**香里奈**、**真山景子**、**川島なお美**、**武井咲**。フィギュアスケートの**伊藤みどり**、**浅田舞**、**浅田真央**、**安藤美姫**。グラビアアイドルの**山田まりあ**。その他、名古屋郊外の出身者は、お笑い芸人の**青木さやか**（愛知県尾張旭市）、**スピードワゴン**（**井戸田潤**は愛知県小牧市、**小沢一敬**は愛知県知多市）、**オアシズ**（**光浦靖子**、**大久保佳代子**、共に愛知県田原市）など。

なかなか錚々たる顔ぶれが揃っていますが、名古屋出身だということを自らアピールしている人は驚くほど少ないのです。

ちなみに、名古屋市内出身者よりも、名古屋郊外出身者のほうが隠れ度合いが低いという傾向があります。名古屋人だと思われている人は、実は名古屋市内出身ではなく、郊外の出身だということが多いのです。

生粋の名古屋人ほど、「隠れ名古屋人」になってしまうのは、自分は都会人だというプライドが高いからかもしれません。名古屋は大都会だと誇りに思っていればいるほど、東京で田舎者扱いされた経験がトラウマになってしまいます。

隠れ名古屋人でない芸能人といえば、浅井慎平、竹下景子、加藤晴彦をはじめ、ごく少数です。

タモリが「名古屋のエビふりゃあ〜」「名古屋人はみゃ〜みゃ〜言う」と名古屋ギャグを披露していた一九九〇年頃、名古屋人は、

「エビふりゃあなんて言っとらん！　そんなにみゃあ、みゃあ言っとらんわ！」

と激怒しました。

以来、名古屋出身だと言うと、必ずと言っていいほど「エビふりゃあ〜」とからかわれるようになったのですが、悔しいことに、タモリの話す名古屋弁は完璧なアクセントとイントネーションなのです！　名古屋人は腹立たしく思いながらも、

「所詮、福岡の田舎者が言うことだで、言わせておけばええて」

と三大都市の余裕で意外と寛大に受け止めていましたが、名古屋以外の地で暮らしている名古屋人は日常的にからかわれるので、たまったものではありません。こんなことなら、名古屋出身だということを黙っておこうと多くの人が思ったに違いありません。

このように、タモリの名古屋いじりは、名古屋の知名度を上げてくれましたが、隠れ名古屋人を増やすことにも加担してしまいました。

同時期、テレビ番組「クイズダービー」のレギュラー解答者として出演していた**竹下景子が司会の大橋巨泉の名古屋いじりにひるまず、名古屋弁で対応**していたことに、名古屋人は衝撃を受けました。

「美人女優なのに、名古屋弁を隠さんと堂々と話しとるがね。竹下景子はえりゃあ！」（立派

だ！）**見直してまったわ**（見直しましたよ）**まっと応援したらなかん！**（もっと応援してあげないといけない！）」

と、名古屋人の好感度は大幅にアップしました。その反面、名古屋人以外のファンは幻滅したかもしれませんが。

その後、**加藤晴彦が名古屋愛、中日ドラゴンズ愛を全面に**押し出して、名古屋の企業のＣＭ（アルペン）で有名になり、名古屋人の人気を絶大なものにしました。東京で仕事がなくても、名古屋に帰れば一生安泰です。

いわば、竹下景子が「隠れ名古屋人界」に革命を起こし、加藤晴彦が名古屋人として芸能界を生きる道を開拓したのですが、**未だにめぼしい後継者は現われていません**。郷土愛の強い名古屋人は地元出身の有名人はすべて身内のように応援しますから、先行きが不安定な芸能人の場合は特に、名古屋出身だということを積極的に公表したほうが得策だと思うのですが、大多数の人が「隠れ名古屋人」として生きる道を選択しています。

2 「名古屋人」であることを隠す理由

名古屋人は基本的に名古屋が大好きだということは、Uターン率の高さからも推測できます。**それなのになぜ、**名古屋人であることを隠すのでしょうか。

タモリの名古屋いじりのギャグも遠い過去のものになりました。「名古屋にうまいものなし」と言われ続けて来ましたが、近年では「なごやめし」も話題になり、名古屋の味噌カツや手羽先の老舗も東京に進出して、成功しています。

観光は名古屋城の金の鯱ぐらいしか、観るものがないと言われ続けてきましたが、東山動植物園のイケメン過ぎるゴリラ「シャバーニ」が国内外で話題になっています。

東京から名古屋まで、新幹線のぞみで約1時間40分。京都や大阪もいいけれど、やっぱり名古屋が一番!と言うのは、名古屋人だけ? 名古屋はそんなにも魅力がないのでしょうか?

四十七都道府県の魅力度ランキングによると、一位北海道、二位京都府、三位沖縄県、四位東京都、五位神奈川県。**愛知県は十六位**です。

しかし、一〇〇〇市町村認知度ランキングを見ると、一位京都市、**二位名古屋市**、三位新宿区（「地域ブランド調査2013」ブランド総合研究所調べ）。

つまり、**認知度は高いけれど魅力がない**。

「名古屋出身です」と言って、「はあ？　名古屋ってどこ？」とは聞かれませんが、「いいですね！　羨ましい！」とは言ってもらえません。

不景気になると名古屋の経済力が話題になるのはいいのですが、産業都市のイメージが強くなり、一段と観光地としての魅力が伝わりにくくなる側面もありそうです。

他都道府県人から見て魅力がない上に、田舎っぽい「名古屋弁」が隠れ名古屋人を増やす原因になっていると思います。

芸能人の場合、名古屋のローカル局だけで活動するのなら、もちろん公表したほうが良いでしょうが、全国区を目指すなら、「濁音だらけの汚い方言を話す田舎者、名古屋人」をパブリックイメージにするのは、勇気が入ります。

都会的でダンディなイメージの舘ひろしがコテコテの名古屋弁で、

「**よう来てちょうでゃあたなも～**（よく来てくださいましたね）」

などと話していたら、石原軍団に入れなかったかもしれません。名古屋色を極力消した結果、人気俳優としての地位を手に入れたのでしょう。

「隠れ名古屋人」は、名古屋出身を公表するメリットとデメリットを考えた結果、デメリットのほうが大きいと判断したかもしれません。

「隠れ名古屋人」には、名古屋で生まれ育ち、名古屋で一生を終える人には理解できない、苦悩と根深いコンプレックスがあるに違いありません。

3 「名古屋人」だと公表するメリットとデメリット

では、「隠れ名古屋人」が自分は名古屋人だと公表した場合、どんなメリットとデメリットがあるのでしょうか？　日常的な会話を通して検証してみましょう。

【ケース1　なごやめしに関して】

メリット

「味噌カツっておいしいよね。いいお店、知ってる？」と話題が広がる。

デメリット

「なんでも赤味噌をかけるんでしょ？　刺身も赤味噌？」と味覚音痴扱いされる。

【ケース2　不況に強い名古屋の企業に関して】

メリット

「徹底した倹約と無借金経営は見習うべき」と、尊敬の眼差し。

デメリット

「ケチで冒険をしない、面白味のない企業が多いよね」と、軽蔑の目。

【ケース３　名古屋弁に関して】

メリット

「独特で面白い！」と、ごくごく一部の人に好印象。

デメリット

「田舎くさくて、品がない。みゃあみゃあ、うるさい」と嫌悪感を露わにされる。

【ケース４　観光に関して】

メリット

「徳川美術館からオアシス21まで、新旧の見どころがたくさん」と、ごくごく一部の名古屋通だけは興味津々。

デメリット

「金の鯱しかないでしょ？　ところで……」と、話題を変えられる。

【ケース5　交通事情に関して】

メリット

「JR、私鉄、地下鉄が市内全域を網羅しているし、広小路通りの百メートル道路をはじめ、道路が広くて車での移動も快適！」と、絶賛。

デメリット

「幅が百メートルある百メートル道路？　そんなの無駄でしょ？　名古屋って道路が広くてスピードを出しやすいから、交通事故死の件数が日本一なんだよね？　たしか、車上荒らしの件数も日本一じゃなかった？」と、不名誉な日本一の情報を言われて苦笑い。

このように、相手が名古屋の現状を正しく理解していれば、メリットも多いのですが、理解していなければ、デメリットのほうが多くなってしまいます。

例に挙げたデメリット会話の一つ一つはたいしたことはありませんが、名古屋出身だと公表すると、日常的に言われるようになるのですから、ボディブローのようにジワジワとダメージが効いてきます。意図的に名古屋出身を隠すつもりがなくても、敢えて言わなくてもいいかと思ってしまうのは仕方ありません。

4 「隠れ名古屋人」を見破る方法 その一

名古屋人は「つれ（知人・友人）」を大切にしますが、「隠れ名古屋人」は潜伏しているため、名古屋以外で名古屋人の「つれ」がなかなかできません。**お互いに隠れ名古屋人だとわかったら、つれがどんどん増え、心強くなって、最終的には隠れている必要もなくなるかもしれません。**

では、どうしたら「隠れ名古屋人」を見つけることができるでしょうか？

名古屋弁丸出しならば、すぐに見分けられるのですが、隠れ名古屋人は努めて共通語（標準語）を話しているので、会話から判断することは難しいのです。

例えば、関西の方言には、「母音の無声化がない」という特徴があります。

「母音の無声化」とは、音節の連なりにより、一定の法則に基づいて、カ行・サ行・タ行・ハ行・パ行の母音が無声化されることを言います。

母音の無声化が顕著になる例として有名な言葉は「ネクタイ」です。

共通語（標準語）では、「ネクタイ」の「ク」が無声子音「K」になりますが、関西弁では「KU」とはっきりと発音します。その結果、「ネクゥタイ」という、もったりとした言葉に聞こえるのです。この母音の無声化があるかないか、気をつけて聞いていれば、関西人を見分けることができます。

しかし、名古屋弁の場合、関東と同様に「母音の無性化」はあるので、聞き分けることはできません。

名古屋弁は、ガ行が鼻にかかる「鼻濁音」がないという特徴はあるのですが、近年、鼻濁音をきちんと話せない東京人が増えていますので、名古屋人かどうかの判断基準にすることは難しいでしょう。

さてここで、悩んでないでさっさと「名古屋人ですか？」と聞けば早いのに、と思った貴方！　甘い、甘過ぎます。

初対面の人に「名古屋の人ですか？」と聞かれたら、「**しまった！　私、うっかり訛ってた!?**」と身構えてしまいます。訛りイコール田舎者。この人は私のことを田舎者だと思ってるんだ！と心を閉ざしてしまいます。これでは「つれ」にはなれません。

では、機嫌を損ねたり、警戒されたりせず、うまく聞き出すためにはどうしたらいいでしょう？

実は、**簡単に聞き出せる方法**があるのです。

相手が「隠れ名古屋人」かもしれないと思ったら、

「**大阪の人ですか？**」

と聞くのです。すると、なんのためらいもなく

「違います。名古屋出身です」

と答えてくれます。

この質問の大事なところは、北海道でも京都でも福岡でもない、「大阪」と聞くところです。大阪人と間違われたということは、そこそこ都会出身者に見えたということですから、田舎者コンプレックスを刺激しません。

しかし、名古屋人にとって、名古屋は大阪よりも文化も経済力もセンスも上だという優越感がありますので、大阪人に間違えられることだけは許せません。

一刻も早く、名古屋人だと訂正しなければ！と、なるのです。

5 「隠れ名古屋人」を見破る方法　その二

この他、**名古屋人が共通語だと思っている名古屋弁を使って**、さりげなく炙り出す方法もあります。

例1　テーブルを持ち上げて移動させる際に、**「机つって」**と言ってみる。
「吊る？　天井に？.？.」などと聞き返さずに持ち上げたら、名古屋人。
※「つる」は「持ち上げる」という意味の名古屋弁。

例2　小学校の頃、**「ほうか」が楽しみだった**と言ってみる。
「放火？　火をつけて遊んでいたの？.」と驚かず、
「10分だけだったけど、結構遊べたよね」などと答えたら、名古屋人。

※名古屋弁で「放課」とは、授業と授業の合間の休憩時間で、放課後とは違う意味。名古屋弁ではなく、共通語だと思っている名古屋人が多い。

例3　先の尖った物を見て、「**トキントキン！**」と呟いてみる。
「と金？　将棋の？」などと聞き返さず、
「本当！　トキントキン！」と言ったら名古屋人。

例4　沸騰したヤカンを見て「**ちんちん**」と呟いてみる。
「下ネタ⁉」と引かないで、ヤカンを火から下ろしたら名古屋人。
※「ちんちん」とは、沸騰している様子を表す名古屋弁。

例5　いきなり「**いんちゃん、ほい！**」と叫んで、
グー、チョキ、パーのどれかを出したら、名古屋人。
※「いんちゃん」とは「じゃんけん」のこと。
ちなみに、名古屋弁では、チョキではなく、「**ピー**」と言う。

グふっ
いんちゃん
ほい!
「名古屋人」見つけ隊
ハチ
パー!
ピー!
?

この他、名古屋人が共通語だと思っている名古屋弁には、

分団（集団登下校のグループ）

鍵をかう（鍵をかける）

えらい（疲れる）

とろい（間抜け）

どべ（ビリ）

おそがい（恐ろしい）

などがあります。お試しください。

6 「隠れ名古屋人」にならないために

では、隠れ名古屋人にならないためには、どうしたらいいのでしょうか？ まず、名古屋を離れる前に、**他都道府県が名古屋に対して抱いているイメージを正しく理解**しておきましょう。自分が抱いている名古屋に対するイメージとのギャップが大きければ大きい程、ダメージも大きくなります。

そこで、打ちのめされる前に、名古屋に対する日本国民の評価を正しく自覚しておく必要があります。名古屋は「憧れられる街ではない」と自覚してしまったら、名古屋の外に出ることが怖くなりそうですが、大丈夫！

辛かったら、いつでも名古屋に帰ってくればいいんです。名古屋中の「つれ（友人・知人）」があなたを温かく迎えくれます。

なんと言っても、**名古屋はUターン率も日本一**ですから！

夢破れて帰って来ても、成功して帰って来ても、以前と同じように暮らすことができます。

ここで一つ注意しておきます。Uターン率が高いのは、名古屋が暮らしやすいからではなく、多くの名古屋人が他都道府県で冷遇されて逃げ帰って来るから？　などと邪推してはいけません。**名古屋は最高の街です。名古屋の本当の良さを日本国民が理解していないだけ**です。自信を持ってください。しかし、自信を持ちすぎると大きく挫折しますので、ほどほどでお願いします。

たとえば、東京で暮らす場合、名古屋人は努めて共通語（標準語）を話しますが、どんなに気をつけても、名古屋アクセントや名古屋弁は出てしまいます。

共通語だと思っている言葉が名古屋弁だったり、東のアクセントと西のアクセントが混在していたり、落とし穴がたくさんありますので、完全に名古屋弁を封印するのはとても困難です。

そこで、提案です。無理に名古屋弁を隠そうとしないで、

「**名古屋から来たばっかだで、仲良くしてちょうでゃあ**（名古屋から出てきたばかりです。仲良くしてください）」

と明るく挨拶してみてはどうでしょうか？

最初にインパクトのある名古屋弁で話しておけば、その後、少しぐらい訛っても気になりません。「あれ？　名古屋弁って、そんなに独特じゃないんだ。意外と東京の言葉と似てるね」と言ってもらえるに違いありません。

名古屋弁を小出しにして、徐々に名古屋弁に慣れさせる作戦を実行しているうちに、他の「隠れ名古屋人」を引き寄せることができるかもしれません。

まずは臆さずに、名古屋弁を話すことが大切です。

7　これであなたも「名古屋人」

突然、名古屋に引っ越しても困らないために、注意すべきことを説明します。名古屋人との上手な付き合い方、でもあります。

▼①転勤したくない都市ランキング1位？

名古屋人は閉鎖的でよそ者嫌いと言われていますので、名古屋以外で生まれ育った人が、名古屋へ引っ越した場合、なかなか馴染めないという話をよく聞きます。

名古屋人はよそ者嫌いというわけではないのですが、名古屋を慕う愛知県人に囲まれて純粋培養されているので、初対面の人には警戒心が強く、簡単には心を開かないのは確かです。

名古屋人気質が好きで引っ越してきたのなら、何の問題もないでしょうが、家の事情で転校したり、仕事の都合で転勤・出張したりした場合は、かなり戸惑うと思います。

ビジネスマンが転勤したい都市ランキングの上位は札幌と博多で、**転勤したくない都市ランキングの上位は京都と名古屋だと言われています**が、正確なデータなのかどうかは不明です。転勤したい都市は、その人の職種によって大きく変わるので、一概には言えないと思いますが、真偽はさておき、名古屋人にとっては不名誉なことです。京都は、「一見（いちげん）さんお断り」や「京都十代（十代住み続けて初めて京都人として認められる）」などという言葉にあるように、よそ者に厳しく、信用を得るには時間がかかります。

ちなみに、東京は三代、大阪は一代と言われているようですが、**名古屋の場合は四年間で大丈夫**です。

▼②わずか四年間で信用をゲット！

四年間で名古屋人の値切りに慣れ、独特の風習や習慣の中に思い切って飛び込めば、その後は何の苦労もなく仕事できます。わずか四年間の辛抱で、名古屋に「つれ（友人・知人）」が大勢できますので、新しい取引先も「つれ」が紹介してくれます。

「**わしのつれだで、あんじょうようしたって**（私の友達なので、よろしく頼む）」の一言で、ビッグビジネス成立も夢ではありません。

▼③金融関係と新聞社は要注意

ただし、三菱東京UFJ銀行以外の銀行や信用金庫、クレジットカード会社、中日新聞以外の新聞社の方は注意が必要です。

借金をしないことで有名な名古屋の企業では、地元の東海銀行、現在の三菱東京UFJ銀行をメインバンクにしていることが多いので、それ以外の金融会社はかなり苦戦を強いられます。

さらに、名古屋人が熱狂的に応援しているプロ野球団・中日ドラゴンズの親会社、中日新聞は、愛知県内で圧倒的なシェアを誇っていますので、他紙の方は厳しいと思います。中日新聞と中日スポーツは、名古屋愛とドラゴンズ愛に溢れていることだけではなく、大量のチラシが挟まれていることでも有名です。

お値打ち情報満載の大量のチラシは割引クーポンになったり、メモ用紙になったりして、お得なこととリサイクルが大好きな名古屋人に活用されています。

▼④中日ドラゴンズと名古屋グランパスのファンになる

名古屋でビジネスをするには、中日ドラゴンズのファンになり、中日新聞を愛読することが必須条件です。もちろん、サッカーは名古屋グランパスを応援してください。猜疑心の強い名古屋人は、あなたの名古屋愛を試すために、「グランパスってどういう意味が知っとる?」と聞くかもしれません。

その場合は即座に、「知っとる、知っとる。英語で『シャチ』のことでしょう?」と、**最後の「しょう?」を名古屋弁らしく尻上がりに言えば、完璧**です。

▼⑤喫茶店のモーニングを活用

名古屋の喫茶店は第二の応接室であり、会議室でもありますので、お得なモーニングを食べながら商談をするのが得策です。地元の人だけではなく、その店を気に入って遠方から通っている常連客も多いので、つれ(友人・知人)ネットワークを広げることにも役立ちます。

たかが喫茶店と侮るなかれ。

名古屋の喫茶店は、昭和時代の銭湯や美容院以上の貴重な情報収集の場であることを忘れないでください。

▼⑥「なごやめし」で名古屋ツウをアピール

仕事仲間や取引先の人と「なごやめし」を食べる時にも、名古屋に馴染んでいることをアピールできます。

まずは、「手羽先」を上手に食べる方法を身につけてください。

手羽先の両端を摑んで、関節部分を下に折り曲げます。骨が出て来たら、下までグッと引っぱると、骨と肉がきれいに離れます。一連の動きをスムーズにこなして、さりげなくパクリと食べられたら、あなたも名古屋人です。

その他、「味噌煮込みうどん」を鍋の蓋に取って冷ましながら食べたり、「ひつまぶし」をそのまま食べる、薬味を乗せて食べる、最後はお茶漬けでしめると、三通りで食べてみせましょう。

ちなみに、手土産は、味よりも重さが大切です。気取った洋菓子よりも、どっしりと重い「ういろう」がベストでしょう。

▼⑦さりげなく名古屋弁を取り入れる

名古屋人はよそ者には極力、共通語（標準語）を使おうとしますが、それに合わせて、共通語を話してはいけません。とは言っても、にわか仕込みの名古屋弁を話すと、「馬鹿にされた」と思い、心を閉ざしてしまうので注意が必要です。

前述したように、「知っとる？」と聞かれて、

「**知っとる、知っとる**」

と同意して返すぐらいが丁度いいでしょう。

相手のしぐさや動作、喋り方を真似ると親近感と好意を抱いてくれることがあります。心理学で言う「ミラーリング効果」です。**さりげなく名古屋弁を反復する**ことで、とってつけた感がなくなり、自然と名古屋に染まっているように演出できます。ただし、やり過ぎは厳禁です。

相手が無自覚にコテコテの名古屋弁を話している場合に反復されると、

「**おみゃあ、おちょくっとるのか！**（あなたはわたしをからかっているのですか？）」

と激怒されます。うっかり、

「**はい、おちょくっとる**（はい、からかっています）」

と反復してしまったら、最悪です。

この反復方法は、ある程度、名古屋弁を理解してからでないと危険です。

もし、知らない名古屋弁を使われたら、

「**まっぺん**（もう一度）、**言ってくれます？**」

と聞き返しましょう。

「**わっかれせんかったで、まっぺん、言ってちょうす？**（わからなかったから、もう一度、言ってくれますか？）」

は、やり過ぎです。

以上のことに注意して四年間、名古屋で暮らしたら、あなたも名古屋人の仲間入りです。

おめでとうございます！

第6章 これで逆襲したろみゃあ!

これまでずっと、名古屋人は言い続けて来ました。

「名古屋がええことはわしらが知っとるで、それでええ」と。

何が起きても慌てず騒がず、平常心。どんな時も名古屋人らしく、つつましやかな暮らしを続ける。肝の据わった名古屋人は老成した達人のように泰然としています。しかし、その結果、数々の侮辱を甘んじて受け入れることになってしまいました。名古屋は魅力がない。田舎くさくてダサイ。名古屋人はケチで封建的で排他的。金のしゃちほこ以外に見どころがない……などなど。

いつまで、こんなことを言わせておくのですか。**謙虚で奥ゆかしいのにも程があります。名古屋の魅力を日本中の人に、いや世界中の人に知ってもらうべきです。**

「なごやめし」がちょっと話題になったぐらいで、満足してはいけません。

名古屋はもっともっとリスペクトされるべき、素晴らしい街なのですから!

1 「隠れ名古屋人」が隠れないで逆襲　千里の道も一歩から

名古屋を愛しているけれど、出身地を公表することのメリットの少なさから、多くの人が隠れ名古屋人になってしまっています。しかし、隠れ名古屋人が増えれば増えるほど、名古屋人の閉鎖性は高まり、名古屋の良さを全国区に広めることはできなくなります。まずは隠れ名古屋人を減らす必要があります。

▼日常会話に名古屋の話題を出して関心を高める　草の根運動開始！

しかし、今まで隠れ名古屋人として生きてきた人が、いきなり名古屋弁全開で話すのは難しいでしょう。まずは日常会話にさりげなく「名古屋の話題」を盛り込んでみてはどうでしょうか？

たとえば、「もうスカイツリーに登った？」と言われたら、

「え？　名古屋テレビ塔のスカイバルコニー？」

と聞き間違えた振りをして、強引に名古屋の話題に切り替えて、魅力をアピールするのです。

「名古屋テレビ塔の高さは180メートルで、スカイバルコニーは高さ100メートルの屋外展望台なんだよね。そうそう、100メートルと言えば、名古屋には幅が100メートルの道路があって、毎年10月には名古屋祭りで英傑行列もあるんだよ。信長も秀吉も家康も名古屋出身だって知っとった？」

とさりげなく名古屋弁も混ぜて行きます。

その他、「六本木ヒルズでランチしない？」と誘われたら、

「ヒルズ？　ヒルズウォーク徳重ガーデンズ、いいよね」

と、名古屋市緑区にあるショッピングセンターの話題にすり替え、

「名古屋市営地下鉄　桜通線徳重駅にあるんだよね。そうそう、名古屋のICカード乗車券って、manaca（まなか）って言うんだけど、名古屋は日本のほぼ真ん中にあるから、**『日本の真ん中』**で**『暮らしの真ん中』**を**繋ぐカード**って意味でネーミングされたらしいよ。名古屋って地下鉄も地下街も発達していて……」

と数珠つなぎで名古屋自慢を繰り広げてください。

途中で息切れをすると、相手に話題を変える隙を与えてしまいますので、短いブレスで一気に話せるように、肺活量を高めておく必要があります。肺活量に自信のない人は、ジムに通って体を鍛えなくてはいけません。

もし、途中で飽きられそうになったら、すばやく話題を切り替えます。

相手がグルメだったら、**「なごやめし」**。

歴史好きなら、**「徳川記念館や名古屋城」**。

アイドルオタクなら**「SKE48」**、ももいろクローバーZの妹分の**「チームしゃちほこ」**。

電車オタクなら、**リニア中央新幹線**が２０２７年に東京・品川、名古屋間が先行開業予定など。

相手が名古屋の話題に食いついて質問を返して来たら、あなたの勝ちです。

名古屋に対するマイナスのイメージは払拭されているはずですから、自分は名古屋人だと正体を明かして、堂々と名古屋自慢をしてください。

この方法は、あなたの名古屋愛が試されます。根気よく続けてください。

さらに、名古屋に帰省するたびに、最新の名古屋情報を入手して引き出しを増やすよう努力しましょう。名古屋の内外で暮らす名古屋人、一人一人の地道な努力が何よりも大切です。

2　名古屋弁の良さを意識して逆襲

名古屋弁というと、古くはオリエンタルスナックカレーのCMで南利明のセリフ「ハヤシもあるでよ〜」、タモリの「エビふりゃ〜」、アニメ「ドクタースランプ」の名古屋弁を話す宇宙人「ニコチャン大王」の「だがや」などを思い浮かべる人が多いと思います。

現在では、河村たかし名古屋市長（二〇一五年十月現在）が東京のテレビに出演する際にも、あくの強い名古屋弁で話しています。河村市長の名古屋弁を聞くと、

「あんなに訛っとれせんわ！」

と眉をひそめる名古屋人がいる反面、

「東京のテレビでも堂々と名古屋弁を話しとるのは、名古屋を誇りに思っとる証拠だわ」

と好感を持つ人も多いようです。愛知県議会議員選挙に初出馬した時には、名古屋弁を隠して共通語で話していましたが、落選。その後、衆議院議員を経て、現在の市長の地位まで昇り

つめた理由の一つは流暢な名古屋弁にあると思います。ちなみに河村市長は、「名古屋弁」ではなく、「名古屋ことば」と呼ぶように多方面に働きかけていますが、あまり浸透していないようです。

名古屋人は基本的に名古屋弁を話さない名古屋人のことを信用しませんので、名古屋弁が田舎くさい、イメージが悪いといっても、無理に共通語（標準語）を話す必要はありませんが、あくの強い、コテコテの名古屋弁ばかりを話していては、名古屋のイメージアップには繋がりません。

そこで、名古屋のイメージアップのため、積極的に話したほうがいい「推奨名古屋弁」を独断と偏見で選んでみました。

▼推奨名古屋弁

◉倹約精神が現れた言葉

「**おつとめ品**（特価品、セール品）」

努力して値引きをしている感じが節約好きの名古屋人の心をくすぐる言葉。

「**もうやいこ**（物を共有する、物を分けあうこと）」

「**まける**（安くする）」

「**おもる**（おごる）」

※実用例

「**まけてちょ〜**（安くしてください）」

「**おもってちょ〜**（おごってください）」

喋り方のコツは、「ちょ〜」を軽い調子で明るく言うこと。値切ったり、たかったりする際の図々しい感じがなくなって好印象です。

「**こぎる**（値切る）」

「**こわす**（お金をくずすこと、両替すること）」

※実用例

「**こまきゃあのがにゃあで、一万円をこわしてちょ〜**（細かいお金はないので、一万円をくずしてください）」

一万円を使う時には、「**こわさんとかん**（こわさないといけない）」と思うと、なんとなく節約する気持ちが湧きあがってきます。

◉時間の有効活用を促す名古屋弁

「**ちゃっと**」

インターネット上で会話をする「チャット」ではありません。すぐに、できるだけ速やかに、という意味の名古屋弁です。同義語は、「**はよ**」「**つっと**」。

これに、支度をする、準備をする、という意味の名古屋弁「**まわし**」を組み合わせると、「**ちゃっとまわししやぁ**（早く支度をしなさい）」となります。
※実用例
「**チャットばっかしやっとらんと、ちゃっちゃっとまわししやぁ**（チャットばかりしていないで、早く支度をしなさい）」

名古屋第1号出店集中講座!!
ようこそお越しくださいました
↓
よう来てちょうでゃ〜た
はい！
みなさんご一緒に！
よう来て
ちょうでゃ〜た
よう来て
ちょうでゃ〜た
よう来て
ちょうでゃ〜た
よう来て
ちょう …でした

◉古き良き時代の城下町言葉

「**らっせる**」「**ござる**」「**みえる**」

全て、尊敬語で、「らっせる」は「〜してらっしゃる」の意味。「ござる」と「みえる」は、「いらっしゃる」の意味。

「ござる」と「らっせる」を合わせて、「ござらっせる」と言うことも。

「**しゃっちょこばる**（緊張して固くなる）」

「**しゃちほこばる**」とも言います。名古屋城の「金のしゃちほこ」が語源という説もあり、名古屋らしい言葉です。ぜひ、全国区になって欲しい言葉です。

「**やっとかめ**（久しぶり）」

「八十日目」に由来する説と、「やっと」（長い間）に由来する説があります。

今ではほとんど使われなくなりましたが、久しぶりに会った相手に、「**やっとかめだなも〜**」と言われると、ほのぼのとした気持ちになりますので、ぜひ活用したい名古屋弁です。

「**ごっさま**（奥様）」

御前様から「ごっさま」に変化したという説あり。保守的な人が多い名古屋は、男尊女卑の考えが根強く残っていると言われていますが、旦那様という意味の名古屋弁がないのに、奥様の名古屋弁があることを考えると、実は「かかあ殿下」の家庭が多いのかもしれません。

他にも、「**ねえさま**（年上の女性）」、「**にいさま**（年上の男性）」「**おっさま**（和尚様）」などがあります。

※実用例　法事の時

「**おっさま、よう来てちょうでゃ〜た**（和尚様、ようこそお越しくださいました）」

「**ごっさまも、ねえさまも、やっとかめだなも〜**（奥様もお姉さんもひさしぶりですね）」

◉語呂が可愛い名古屋弁

「**ええころかげん**（いいかげん）」

「**おちょける**（ふざける）」

「**ケッタマシーン**（自転車）」

「**ぞぞけがたつ**（恐ろしい）」

「**なんだしらん**（なんだか知らないけれど）」

「**めんぼ**（ものもらい）」

「**ももた**（太もも）」

「**めっちゃんこ**」または「**めちゃんこ**（とても、大変）」

「め」を強調して、「めっちゃんこ」と言うと、度合いが高まります。「めちゃんこ可愛い」と言われるより、「めっちゃんこ可愛い」と言ったほうが喜ばれます。

◉独特の擬音語・擬態語

「**しゃびしゃび**（水っぽい）」

※実用例

「**水を入れ過ぎてまったで、しゃびしゃびのカレーになってまった**（水を入れ過ぎたので、水っぽいカレーになってしまいました）」

「**だーだー**（水がザーザーと流れる様）」

※実用例

「**風呂の水を止めるのを忘れてまったで、だーだーだったわ**（風呂の水を止め忘れたので、水がザーザーと流れていました）」

「**ちんちん**（沸騰している様子）」最上級は「**ちんちこちん**」

※実用例

「**やかんがちんちんだで、消しゃあって言ったのにぃ。もうちんちこちんになってまったがね**（やかんの水が沸いているので火を消しなさいって言ったのに。沸騰して大変なことになってしまいましたよ）」

「**ときんときん**」または、「**ときとき**（尖った様子）」

※実用例

「**鉛筆を削って、ときんときんにとんがらかしゃあ**（鉛筆を削って、とても鋭い先端になるように尖らしなさい）」

「**どかどか**（気温や室温が熱い様子）」

※実用例
「冷房が壊れとるで、部屋ん中がどかどかになってまったがや（冷房が壊れているので、部屋の中がとても熱くなってしまいました）」

▼推奨外の名古屋弁

女性が使うと幻滅される名古屋弁がいくつかあります。

「めったくそ（めちゃくちゃ）」「おうじょうこく（大変な思いをする）」

「ま～ひゃあ～（もう）」

「どえらけにゃあ～（ものすごい）」すごいを意味する、「どえらい」、「でら」の最上級形。これを言う時は、誰もが野太い声になり、顔を歪めるので要注意です。

「た～け～」（馬鹿）
基本形「たわけ」をさらに侮辱的に言う場合、「たぁ～けぇ～」と間延びして言えば言うほど、相手は激怒するので注意が必要です。家族や友人の間で、冗談っぽく言う分には害はありません。ちなみに「たわけ」の最上級形は、「くそたわけ」です。

3 名古屋弁のイメージアップで逆襲

名古屋弁は、濁音が多かったり、ところどころに強いアクセントがあったり、言葉を伸ばしたりするという特徴があります。その結果、押しが強く、全体的にねばっこい喋り方になってしまい、田舎っぽい、ダサイと感じられてしまうようです。

その点、**女優の竹下景子は、昔ながらの名古屋弁をさらりと上品に話すことができますので、ぜひ、お手本にしてほしいと思います。**とはいえ、名古屋弁を披露する機会がありませんので、名古屋弁イメージアップキャンペーンを行ない、竹下景子にキャンペーンガールを務めてもらってはどうでしょうか？　若い世代の名古屋弁を広めるには、名古屋の栄を拠点に活動しているアイドルグループ、ＳＫＥ48のほうがいいかもしれません。尾張ではなく、三河出身のメンバーも、この機会に完璧な名古屋弁をマスターしてもらいましょう。

名古屋女性のお手本は竹下景子、では名古屋男性のお手本は？　加藤晴彦もいいのですが、ここはソフトボイスの**玉木宏が適役**かもしれません。高低差の激しい名古屋弁も低音のソフトボイスでささやけば、セクシーな方言に聞こえそうです。

きつい方言として知られる山梨弁（甲州弁）も、ＮＨＫの朝ドラマ「花子とアン」で吉高由里子が「お早ようごいす」「行くずら」などと話すと、可愛く聞こえました。美人女優、イケメン俳優、アイドルが名古屋弁を話したら、泥くさい印象は軽減すると思います。そこで、芸能界の隠れ名古屋人の皆さんには、勇気を出して、トーク番組やバラエティ番組で堂々と名古屋弁を披露してもらいたいと思います。

タモリの「エビふりゃあ～」ギャグのせいで、名古屋人だというだけで笑われた辛い経験を持つ皆さんもそろそろトラウマから脱却して、名古屋人であることに自信を持ってください。**元々は名古屋で使われていた「お値打ち」という言葉が全国で通用するようになったように、**さまざまな名古屋弁が共通語になるようにどんどん方言を発信していきましょう。その際には、名古屋弁独特の濁音は強調しないでサラリと発音し、高低差の激しい言葉は少し平板読み気味にすると柔らかく聞こえて好印象です。

女性はＳＫＥ48のメンバーを、男性は玉木宏になったつもりで話すと、田舎くさい雰囲気が軽減されるに違いありません。さあ、やってみてちょ！

4　「なごやめし」で逆襲

▼ネーミングを変える

　愛・地球博が開催された頃から、「なごやめし」が注目されていますが、そもそも、このネーミングはいかがなものでしょうか？　イタリア料理を「イタ飯」と呼んだ、バブルの名残のようなネーミングで、いかにもＢ級グルメという感じがして名古屋グルメの品格を下げているような気がします。

「なごやめし」「名古屋めし」「名古屋メシ」「なごやメシ」「ナゴヤめし」など、表記も統一されていないようですので、思い切ってネーミングを変えてみてはどうでしょうか？

　例えば、Ｂ級グルメではなく、Ａ級グルメだ！というプライドを持って、**「なごやＡ級（永久）グルメ」**とか。「めし」は下品だから、

「名古屋ごはん」とか。

せっかくだから名古屋弁を使って、

「でらなごやグルメ（すごい名古屋グルメ）」とか、

「名古屋うみゃあもん（名古屋おいしいもの）」とか、どうでしょう？

これ以上、「なごやめし」というネーミングが定着する前に変えたいものです。

良いネーミングを思いついた人はＳＮＳなどを利用して、拡散してください。

今ならまだ改名できます！　多分。

▼昔ながらの名古屋グルメをアピール

「なごやめし」として、東京に進出して全国区となったものには、「味噌煮込みうどん」、「手羽先」、「味噌カツ」、「天むす」、「ひつまぶし」などがあります。

しかし、**昔ながらの名古屋名物、「名古屋コーチン」、「ういろう」、「きしめん」**はあまり注目されていません。

高級地鶏の「**名古屋コーチン**」（正式な品種名は名古屋種）は、明治初期に中国から輸入された「バフコーチン」と尾張地方の地鶏を交配して開発した国産実用品種第1号だそうです。

肉質の良さと産卵能力の高さで知られていましたが、昭和三十七年頃から大量生産が可能な外国鶏の輸入が始まったため、名古屋コーチンは激減し、一時は絶滅寸前になりました。その後、地元農業関係者による地鶏生産の展開によって、昭和五十九年に復活し、ブランド地鶏として幅広く定着しました。赤味を帯びた弾力のある肉は噛めば噛むほど旨みを楽しめます。

名古屋コーチンは卵の殻が桜色なのが特徴で、卵黄の色は濃く、舌触りが滑らかで濃厚な味わいとコクがあります。そして、赤味を帯びた肉は歯ごたえがよく、コクのある味で、すき焼き（とりすき）、たたき、鍋、霜降りと、色々な調理方法で楽しめます。

ちなみに、名古屋のすき焼きは、「**ひきずり**」とも呼ばれています。すき焼き鍋の中で肉をひきずるようにして食べたことから「ひきずり」と呼ばれるようになったとか。大晦日には「ひきずり」を食べて、年末まで引きずってきた不要な物を片付けてから新年を迎える習慣があったそうです。

一般的にすき焼きは牛肉を使いますが、鶏の飼育が盛んな名古屋では、鶏肉（かしわ）を使うことがよくあります。大晦日には名古屋コーチンを使って「かしわのひきずり（とりすき）」を食べる、という習慣が全国に広がったら、「なごやめし」の本当の素晴らしさをわかってもらえるに違いありません。

名古屋銘菓「**ういろう**」は、米粉と砂糖を練り合わせて蒸しあげた和菓子で、餅菓子の求肥や蒸しようかんに少し似ています。

その歴史は古く、尾張徳川家二代藩主、徳川光友に仕えた中国出身官吏が、御用商人の餅屋文蔵に「ういろう」の製法を伝授したことが始まりと言われているそうです。この餅屋文蔵から続く「**餅文総本店**」の他に、「**青柳総本家**」、「**大須ういろ**」、「**雀おどり総本店**」などが「ういろう」の有名店です。名古屋人ならば、「青柳ういろう」と聞くと、必ず「白、黒、抹茶、あずき、コーヒー、ゆず、桜♪」、「大須ういろ」と聞けば、「ボンボンボンと時計が三つ〜♪」とそれぞれのＣＭソングを歌い出すほど、馴染みの深い和菓子です。

前述しましたが名古屋人は重くてかさばる物が大好きですので、ずっしりと重い「ういろう」は、手土産やオヤツの定番ですが、全国的な人気は今ひとつなのが不思議です。

ずっしりと重いと言っても、一口タイプやスティックタイプの物もあるということを知らないのでしょうか？　控えめな甘さと、米粉を使ったもっちりとした食感は絶品ですから、「なごやめし」のデザートの定番として広めましょう。

ういろう

きしめん

これも1章で述べたように「なごやめし」として「**台湾ラーメン**」が有名ですが、忘れてはならないのは、**名古屋人のソウルフード「スガキヤラーメン」**です。あっさりした豚骨に昆布と魚介からとったダシを合わせたスープ、もっちりとした麺がクセになるおいしさです。他にはない独特の味わいに、「ヘビの粉が入っている」という都市伝説まで生まれたほどですが、もちろん実際は入っていません。

スガキヤは元々は甘味店だったので、デザートメニューも充実。特に、ラーメンとクリームぜんざいの組み合わせは鉄板です。

昭和五十三年には、割り箸を大量に消費するのは「もったいない」という理由から、環境保護と経費削減のために「**ラーメンフォーク**」を開発しました。スプーンの先がフォークになっており、フォークに麺を巻きつけ、スプーンでスープを飲むという画期的な発明なのですが、箸のほうが食べやすいという声が多く、レンゲとして使われています。この「ラーメンフォーク」はその後、右利きでも左利きでも使えるようにリニューアルされ、その優れたデザイン性が認められて、ニューヨークの近代美術館（ＭＯＭＡ）のミュージアムショップで販売されるようになりました。

ちなみに、「スガキヤ」は関東・甲信越地方に進出したこともありますが、残念ながら撤退。

二〇一五年十月現在は、愛知県とその近県でしか食べられませんので、その他の地方の方にはぜひ、名古屋に来て味わっていただきましょう。

これまでご紹介した以外にも、

「**たまり醤油**（豆味噌を作る過程で滲み出た汁）」

「**ころうどん**（汁をかけたうどん）」

「**鬼まんじゅう**（サイコロ状のさつまいも入りの蒸しまんじゅう）」

など、まだまだ沢山の名古屋グルメがありますので、名古屋に来ないと味わえない「なごやめし」（仮）として広く知らしめたいものです。

5 歴史を振り返って逆襲

名古屋の熱田神宮は、三種の神器の一つ、ヤマトタケルの草薙剣が祀られていることでも有名です。実は、古代の英雄ヤマトタケルの妃、**ミヤズメヒメ**は、名古屋人だったそうです。ミヤズメヒメの祖先は尾張国造《おわりのくにのみやつこ》（尾張を治める官職）、父は水軍を掌る有力者で、ヤマトタケルの死後は、熱田社の巫女になったと言われています。

日本の歴史を動かした名古屋人は、秀吉・信長・家康の三英傑以外にもたくさんいますので、ご紹介しましょう（以下、『あなたの知らない愛知県ゆかりの有名人１００』山本博文監修、洋泉社を参考）。

平安時代中期の僧で、念仏を広めた**空也**《くうや》は現在の愛知県稲沢市の出身。

鎌倉幕府の初代征夷大将軍、**源頼朝**は尾張国熱田（現在の名古屋市熱田区）の出身。

文武両道、高潔な人格で知られる、室町幕府の名官領、**斯波義将**《しばよしまさ》は尾張国の出身。

織田信長の天下取りを支えた武将、**柴田勝家**は現在の名古屋市名東区の出身。秀吉子飼いの武将、**福島正則**は現在の愛知県あま市、**加藤清正**は現在の名古屋市中村区の出身。戦国三大美少年の一人で歌舞伎の祖ともいわれている、**名古屋山三郎**《さんさぶろう》は尾張国の出身。

▼徳川宗春に学びたい「名古屋」の行く道

尾張藩第七藩主、**徳川宗春**は現在の名古屋市の出身。派手でユニークな衣装を身にまとう「かぶき者」としても知られる徳川宗春は、平成七年にNHK大河ドラマ「八代将軍吉宗」で中井貴一が宗春役を好演したことから、全国的に再評価されるようになりました。

江戸期に尾張徳川家が御三家筆頭となると、代々の藩主が積極的に芸能を推奨し、「芸どころ」名古屋の基礎を築いたと言われています。しかし、時の将軍の徳川吉宗は、江戸幕府の財政再建のため、「享保の改革」を行ない、贅沢を禁じたため、江戸からは歌舞音曲の賑わいも消えてしまいました。

質素倹約を進める将軍・吉宗に反して、宗春は「温知政要」という政治宣言を著述し、規制緩和を敢行。芸能は庶民の栄養として、芝居小屋や遊郭を認めるなど、芸能や祭りを奨励。大須観音の境内を開放して芝居小屋を設ける他、遊郭も作ると、茶屋や食べ物屋が軒を並べるようになり、大須は歓楽街として栄えていきました。江戸や上方で仕事を失った役者や芸人たちが名古屋にやって来て、芝居小屋は連日大盛況。

地方分権を推し進めた宗春のお陰で、名古屋の経済は活性化し、「芸どころ名古屋」が開花しました。さらに、名古屋に集まった人々が落とす財貨により藩の財政を安定させることもできました。江戸時代からすでに、名古屋は不況に強い街だったようです。

厳しい倹約は心の余裕を失うだけ、民を苦しませるだけの倹約は真の倹約ではない、民の楽しみを奪ってはいけないという宗春の考えは、多くの民に支持されて、人気を高めていきました。

しかし、「尾張公がご公儀を相手に一戦を挑まれる」という噂がたつと、尾張藩士たちは強い危機感を抱くようになり、内部分裂を起こしてしまいます。その結果、宗春は失脚し、隠居謹慎を命じられました。宗春に反旗を翻した重臣たちは、変化を恐れる名古屋人気質を強く持っていたのかもしれません。

質素倹約を重んじ、保守的で堅実な名古屋人の中にも、徳川宗春という反骨精神溢れ、自由かつ大胆な発想の名君がいたのは、名古屋人にとって誇らしいことです。

現在、**大須観音**の境内には、豪華な衣装を着て白牛にまたがった**宗春の「からくり人形」**が設置されています。宗春の政策に対しては賛否ありますが、明るく、派手好きで、反骨精神溢れる徳川宗春こそ、名古屋人が思い描く理想のリーダー像なのかもしれません。

江戸時代の武士は、身分こそ高いけれど、経済的には苦しいことが多かったようですが、「武士は食わねど高楊枝」で我慢すべきものとされていました。そんな時代に、尾張藩は勤務の余暇を利用して家族で営む副業を「職芸」として奨励したお陰で、士族たちの窮状を救い、没落する士族が少なかったと言われているそうです（愛知学院大学名誉教授　林董一　講演談話より）。

冠婚葬祭にお金をかける名古屋人は「見栄っ張り」だと言われますが、家名や世間体よりも「実」を取る。その結果、これまで名古屋を襲った数々の天災、人災、不況の波に立ち向かい、勝つことができたのだと思います。

バブル景気に踊らされることなく、欲張らず。老子の言葉、「足るを知る者は富み、強めて行う者は志あり」（欲深くならず、分相応で満足することを知っている者は心豊かに生きられる。努力する者は志のある者である）、これこそが名古屋人の本質です！

東京に勝ちたい！　大阪に負けたくない！と欲張ることなく、「実」を取る。

名古屋こそが日本で一番、豊かで住みやすい素晴らしい街だと、名古屋人が自覚していればそれだけでいい？と思ってしまいそうですが、勘違いしないでください。**名古屋のことをもっと知って欲しいという思いは「欲」ではなく、当然の「権利」**ですから。

とりあえず、宗春の逸話を広めることから始めてみましょう。

徳川宗春の「からくり人形」がある大須観音

6　忌まわしい過去を忘れて逆襲

名古屋人にとって忌まわしい過去がいくつかあります。

〝名古屋飛ばし〟

一九九二（平成四）年、東京・大阪間を二時間半で結ぶ東海道新幹線「のぞみ」が開通し、朝・夜一往復ずつ運行されることになりました。しかし、JRダイヤ改正により、東京を朝六時発の「のぞみ」は、新横浜に停車するけれど、名古屋と京都は通過することになったのです。

これが名古屋の黒歴史「名古屋飛ばし」です。

名古屋人は「名古屋駅を通過するとは、なんという屈辱！」と激怒し、名古屋のマスコミや地元の政財界は強く非難しました。

同じく通過された京都では、「京都飛ばし」だと大騒ぎにならなかったのは、本音を隠したがる京都人の気質でしょう。きっと内心は腸が煮えくりかえっていたのに違いありません。

中日新聞をはじめ、地元のマスコミは「名古屋飛ばし」の特集記事を掲載し、名古屋人を怒らせると怖い、というイメージが定着した頃、一九九七年十一月のダイヤ改正で名古屋・京都が通過される「のぞみ」は廃止されました。

これで「名古屋飛ばし」は終結？と思いきや、実は、飛ばされているのは新幹線だけではないのです。「のぞみ」の「名古屋飛ばし」以前から、コンサートや演劇、美術展覧会など、さまざまな文化イベントで「名古屋飛ばし」をされています。

三大都市なのに、なぜ？

名古屋人はケチだから、観客動員数に繋がらないという説や、文化不毛地帯だと思われているという説や、面白くないと「金を返せ」と暴動になるという説まであります。

名古屋人は、払った金額以上の「お値打ち感」がないと不満に思いますので、暴動は起きなくても、

「チケット代、負けてちょう（安くしてください）」

ぐらいは言いそうです。だからと言って、「名古屋飛ばし」は許せません。

一九八〇年代、マドンナやマイケル・ジャクソンに「名古屋飛ばし」をされた黒歴史を思い出すと、心が暗く沈んでしまいます。

「名古屋飛ばし」という言葉を作って、騒ぎ立てているのは当の名古屋人だけで、東京人や大阪人が名古屋を侮辱して言ったわけではないのですが。

「豊橋」や「三河安城」の愛知県人は、飛ばされて当然とばかりに静観しています。

目立つことが苦手な名古屋人は、良いことをアピールするよりも、この「名古屋飛ばし」のように、**悪いことがあった時に自己主張することが多い**ような気がします。

何でもかんでも自慢しないのは美徳ですが、被害者ぶって騒ぎ立てるのはいかがなものでしょうか。

名古屋人は被害者意識が強く、卑屈でひがみっぽいと思われないために、ここは一つ、バランスを取るためにも、**名古屋の良いところをどんどんPRするようにしましょう**。

▼禍を転じて福と為す

「**オリンピック誘致失敗**」、これは「名古屋飛ばし」と並ぶ、名古屋人の黒歴史です。

当時、タモリの「エビふりゃあ」ギャグが元でからかわれ続けていた名古屋人は、

「一九八八年のオリンピック開催地は名古屋で決まりだわ！」

と余裕綽々でした。

しかし、一九八一年九月三十日、ドイツで開かれた国際オリンピック委員会総会で、当時のサマランチ会長が発表した開催地は、「ソウル」。

名古屋中が絶望に包まれました。今でも耳に残る「ソォ〜ウル」というサマランチ会長の言葉は、名古屋が絶対的有利だと信じて油断していた名古屋人のプライドをズタズタに傷つけました。

しかし、名古屋人はこの失敗によって、自己評価だけでなく、他己評価を意識することの大切さ、客観視することの重要性を学びました。

オリンピックが駄目なら、博覧会があるさ、とばかりに、**一九八九年七月には世界デザイン博覧会**を、**二〇〇五年三月には愛・地球博**を開催し、大成功を収めました。

ちょっと想像してみましょう。もし、名古屋がオリンピック誘致に成功していたら、開催年は一九八八年。バブル景気のさなか、オリンピック景気も重なったことになります。いくら堅実な気質の名古屋人でも、好景気に浮かれ、バブルに踊らされてしまい、バブル崩壊後の打撃は大きかったことでしょう。

そう考えると、オリンピック誘致失敗は、名古屋の黒歴史ではなく、名古屋に幸運をもたらす白歴史だったのかもしれません。

タモリの「エビふりゃあ」や、「名古屋飛ばし」騒動のお陰で、名古屋人と名古屋の文化が注目されたと考えれば、「**禍を転じて福と為す**」。

名古屋はとても幸運な街なのです。自信を持ちましょう！

7 名古屋を誇りに思って逆襲

二〇二七年のリニア中央新幹線開業に照準を合わせて、名古屋駅周辺の再開発が進んでいます。ＪＲ東海は、地下約30メートルにリニア新駅を建設する他、名古屋駅構内は乗り換えやすさを向上し、スーパーターミナル駅へ進化する予定だそうです。高層ビルの建設が相次いでいる名古屋駅周辺は、「**大名古屋ビルヂング**」、「**ＪＰタワー名古屋**」「**ＪＲゲートタワー**」「**シンフォニー豊田ビル**」などが完成予定。それぞれのビルには百貨店、家電量販店などの商業施設が出店する他、オフィスやホテルなども開業する計画ですから、国内外からのビジネス客や観光客の増加が見込まれるでしょう。

昔から名古屋人は「よそ者が商売をするのは難しい」「よそ者を受け入れない」と言われており、百貨店は**４Ｍ**と呼ばれる、**松坂屋**、**三越**（**名古屋三越**）、**名鉄百貨店**、**丸栄**だけでした。

しかし、二〇〇〇年三月、完成したばかりのＪＲセントラルタワーズに**ジェイアール名古屋タ**

カシマヤがオープンし、大成功。

それまで多くの名古屋人は高島屋を知らなかったにもかかわらずの成功でしたから、まるで鎖国をしていた名古屋が開国をしたような衝撃でした。

このジェイアール名古屋タカシマヤの成功を機に、名古屋以外に拠点を置く、セブンイレブン、ドン・キホーテ、ビックカメラなどが続々と名古屋に進出。「お値打ち」なら少々は高くても買うという名古屋気質も広く知れ渡り、海外の高級ブランドも数多く出店するようになりました。

よそ者を嫌い、身内だけを大事にする名古屋人の閉鎖性は、時代と共に少しずつ変化しているようです。

▼「リニア」は逆襲につながるか

JR東海の柘植康英社長は、**リニア中央新幹線の目的や意義**について、「今後、老朽化が予想される東海道新幹線のバイパスとしての機能。東海、東南海、南海などの地震が想定されており、災害対策としての意味。東京・名古屋・大阪が40分ないしは60分（正確には67分）で結ばれることで一つの巨大都市となり、日本経済に大きな活力を与えるのでは」と語っています

（２０１４・10・13「エコノミスト」より）。

東京・名古屋・大阪が一つの巨大な都市になる……？

東京にとっては良いことかもしれませんが、名古屋と大阪にとっては独自の文化や風習まで東京化してしまうことにならないでしょうか？

名古屋人は東京に憧れ、東京への劣等感に苛まれて来ました。**しかし、名古屋人が目指すべきは、「東京に同化すること」ではありません。**

リニア開業で、東京や大阪が身近な存在になったとしても、名古屋人は名古屋人らしさを失わず、我が道を邁進して欲しいのです。

戦国時代に天下を取った三英傑を生み出しながら、名古屋は都になれませんでした。しかし、都にならなかったお陰で、戦乱に巻き込まれることも少なく、平和に暮らすことができたとも言えます。名古屋人が変化を恐れるのは、今が一番幸せだと知っているからかもしれません。

名古屋が「東京化」するのではなく、東京や大阪を「名古屋化」させてしまいましょう。

日本のほぼ中心に位置して、東西の動向を冷静な目で見続けてきた名古屋は、過小評価され続けて来ました。

しかし、一番過小評価しているのは当の名古屋人だったのではないでしょうか。

「名古屋は田舎だでかんわ（名古屋は田舎だから駄目です）」とか、
「名古屋にはうまいもんなんてあれせんて（名古屋にはおいしいものなどありません）」とか、
「名古屋人はケチだでかんわ（名古屋人はケチだからいけません）」とか、
もう名古屋を卑下するのはやめましょう。

謙虚で奥ゆかしいのが名古屋人の良いところですが、これからは素直に名古屋の良さを認めて、自慢してやろうではありませんか。

「偉大なる田舎」と揶揄されてもいいじゃありませんか。

「偉大なる都会」になって、名古屋人らしさを失うぐらいなら、「田舎」のままで構いません。

「偉大なる田舎」、大いに結構！

リニア開業を見据えて、名古屋駅周辺が再開発され、高層ビルが乱立しても、住んでいるのは「名古屋人」なのですから、**名古屋の本質は変わりません**。

「偉大なる田舎者」として、名古屋人の素晴らしさを日本中に、いや世界に発信していきましょう。名古屋発祥の言葉、「**お値打ち**」が全国共通語になったように、名古屋弁の「**もったいにゃあ**（もったいない）」が、世界中に通用する日が来るかもしれません。

「偉大なる田舎　名古屋の逆襲」は、もう始まっています！

エピローグに代えて

名古屋をこよなく愛した両親

名古屋城のすぐ近くで生まれ育ったので、目を瞑っていても「金のしゃちほこ」を描けることが自慢です。

パチンコ機の製造・販売会社を経営していた父は、熱狂的なドラゴンズファンで、新聞は中日新聞オンリー。値切り上手で倹約家の母は、嫁入りの菓子蒔きと開店祝いの花を貰うことが大好きでした。名古屋をこよなく愛する両親に、「名古屋人」としての英才教育を受けて育った私は、名古屋が世界一素晴らしい街だと信じて疑うことはありませんでした。まるで「名古屋教の信者」のように……。

地元の幼稚園、小学校、中学校、高校を卒業後、三重大学に入学。

ここで、「名古屋を愛しているのに、名大《めいだい》（名古屋大学）ではなく、三重大学に入学するなんておかしいじゃないか！」というツッコミが聞こえてきそうですが、理由は簡単。名大に合格するには偏差値が足らなかったんです。

当時、父が事業拡大に失敗したため、家計に負担をかけないよう、なんとか通学圏内の国立三重大学を受験した、というわけです。

〝名古屋教〟信者の私は、三重県に住むことなど考えられず、自宅から大学まで二時間以上かけて通っていました。

その後、なんだかんだあって、大学を二年で休学して上京。

この「上京」という言葉は、東京を特別視しているようで、名古屋人にとっては癪に障りますが、それはさておき。

幼い頃、名古屋の御園座で観た「松竹新喜劇」の藤山寛美に感銘を受けた私は、喜劇役者になることを目指して東京の劇団の養成所に入所しました。

ここでまた、「松竹新喜劇に憧れたのなら、大阪へ行け！」とツッコミが聞こえてきそうですが、「文化の中心は東京にあり！」という思いから、迷わず東京を選択。

土下座をして両親を説得し、一年間だけの約束で上京を許されました。

名古屋駅から母に電話して、今から新幹線に乗ると告げた時には、家族と離れて東京で暮らすなんて淋しくて仕方ない、絶対に泣いてしまうと思いました。

しかし、そんな感傷的な気持ちは束の間。東海道新幹線が静岡を通過すると、「キャッホー！やっと自由になれた！」と解放感で一杯になったのです。

その時まで全く自覚していませんでしたが、「名古屋の閉塞感」に息苦しさを抱いていたようです。

実際に東京で暮らし始めると、名古屋弁を笑われたり、名古屋ってうぃろうしかないよね？と侮辱されたりしたことで、〝名古屋教〟の洗脳？はすぐに解けてしまいました。

そんな娘の心変わりを知らない両親からは毎週のように段ボール箱一杯の名古屋銘菓が届きましたが、ほとんど友達にあげてしまいました。

筆まめな父からは、「お父さんが送ってあげられる物」というタイトルで、手書きの通販カタログが送られて来ました。全部で百品目の商品リストに詳しく説明が書いてある力作でしたが、「うわぁ、いらねぇ〜」と思い、そのまま放置。

すると一カ月後、手書きの通販カタログのコピーが届きました。

「お父さんの手紙が届いていないようだから、もう一度送ります」という文字に、父の愛情を無視したことを心底、申し訳なく思い、№3の「ソファー」に丸をつけて、返信。すぐに大きな皮張りのソファーが送られてきましたが、小さなアパートの階段を通過することができず、そのまま返送。

お父さん、ごめんなさい。

一年間だけという約束を破り、三十年も東京に住んでいる私を、今は天国にいる両親はどう思っているでしょうか。

「おみゃあが幸せなら、それでええわ」と笑ってくれるでしょうか。

薄情な娘は、劇団を辞めて、太田プロからお笑いタレントとしてデビュー。

その後、フリーとなり、名古屋のお葬式を題材にした「なごや流」がテレビ朝日新人シナリオ大賞優秀賞を受賞し、ライターデビュー。

そしてこの度、シナリオ・センターの恩師で脚本家の柏田道夫先生の推薦により、この『「名古屋」の逆襲』を執筆させていただくことになりました。

柏田先生の「君なら書ける！　人を見る目には自信があるんだ」という力強いお言葉に勇気百倍！

生粋の名古屋人としての生い立ち、三重大学での二年間と東京での体験を元に、書きたいことは山積みだから、スラスラ書ける！……はずでした。

何故か、筆が進まない。

筆が早いのだけが取り柄だったのに、書けない。

その原因は二カ月後にわかりました。

〝名古屋人に嫌われたくない〟

名古屋をこよなく愛していた両親、名古屋の親族、名古屋の友達、その他の見知らぬ名古屋人の皆さんに嫌われたくない。

名古屋について辛辣なことを書くと、名古屋人に嫌われるかもしれない。

かといって、名古屋を礼賛するだけの内容では面白くないし、逆襲にはならない。

深層心理で「名古屋教信者」の自分と、「隠れ名古屋人ライター」の自分が戦っていたようです。

言視舎の杉山尚次さんからは、「とにかく書き進めることです」と優しくアドバイスして頂いていましたが、実に情けない理由で納期を遅らせてしまい、本当に申し訳ありません。

二カ月のロスを経て、「名古屋人に嫌われても構わない」と腹をくくり、やがて「**私の名古屋愛は必ず伝わる！**」と確信を持てるようになり、やっと書きあげることができました。

辛抱強く待ってくださいました杉山さんには本当に感謝しています。

完成した『「名古屋」の逆襲』を最愛の両親に読んでもらえないのは残念ですが、全国の名古屋人の皆様と名古屋人でない皆様に楽しんで頂けたら幸いです。

名古屋の潜在能力は無限大ですから、もっともっと逆襲できるはずです。

「**さあ、みんなで逆襲したろみゃあ！**」


【完】

【主な参考文献一覧】

『江戸時代　人づくり風土記23　ふるさとの人と知恵　愛知』（林英夫　愛知版監修・社団法人　農山漁村文化協会・江戸時代人づくり風土記編纂室　参歩企画／農文協）１９９５年
『愛知県謎解き散歩』（白井伸昂／株式会社ＫＡＤＯＫＡＷＡ）２０１１年～２０１３年
『名古屋謎解き散歩　名古屋城の金鯱・戦国の三英傑から地下街・ういろう・テレビ塔まで』（中根千絵　村手元樹／新人物文庫／株式会社ＫＡＤＯＫＡＷＡ）２０１３年
『名古屋開府四百年史』（愛知県郷土資料刊行会編集部編集／愛知県郷土資料刊行会）２０１０年
『図説愛知県の歴史（図説日本の歴史23）』（林英夫／河出書房新社）１９８７年
『愛知県の歴史　第2版（県史23）』（三鬼清一郎／山川出版社）２０１５年
『尾張名古屋の歴史歩き』（大下武／ゆいぽおと）２０１５年
『名古屋弁重要単語熟語集』（舟橋武志／ブックショップ「マイタウン」）１９９２年
『家康はなぜ江戸を選んだか（江戸東京ライブラリー9）』（岡野友彦／東京　教育出版）１９９９年
『ナゴヤ全書　中日新聞連載「この国のみそ」』（「この国のみそ」取材班編著／中日新聞社）２００６年
『日本を変える　名古屋脳　最悪に備えた生存力』（岩中祥史／株式会社三五館）２００９年
『名古屋まる知り新事典』（牛田正行／株式会社ゲイン）２００５年
『名古屋開府４００年記念誌　尾張名古屋大百科』（荒俣宏　監修・名古屋開府４００年記念事業実行委員

会／ぴあ株式会社）２０１０年
『名古屋人と日本人』（岩中祥史／株式会社草思社）２００５年
『名古屋学』（岩中祥史／株式会社新潮社）２００１年
『あなたの知らない愛知県の歴史』（山本博文監修／洋泉社）２０１２年
『あなたの知らない愛知県ゆかりの有名人１００』（山本博文監修／洋泉社）２０１４年
『やっとかめ！大名古屋語辞典』（清水義範／株式会社学習研究社）２００３年
『名古屋パワーの法則』（江川達也監修・シャチホコ文化研究会著／株式会社徳間書店）２００５年
『ココが違う！東京・大阪・名古屋　あなたはどこまで知っていますか？！』（平田陽一郎／東京　文芸社）２０１３年
『名古屋の〝お値打ち〟サービスを探る　喫茶店からスーパー銭湯まで』（山元貴継／中部大学／風媒社）
『名古屋いい店うみゃ～店』（名古屋グルメ１００人委員会／文藝春秋）２００５年
『なごやめし　それはパラダイス』（なごやめし研究会／双葉文庫／双葉社）２００５年
『名古屋モーニング図鑑　名古屋の元気はモーニングだで、食べてってちょ。』（ＬＤ＆Ｋ）２０１２年
『週刊　エコノミスト　臨時増刊（２０１５年10月12日号）ザ・名古屋　ＶＯＬ・８　実はスゴイ！　中部経済が日本を牽引する』（毎日新聞出版）２０１５年
『週刊東洋経済　ＮＡＧＯＹＡ臨時増刊２０１２年版　進化する名古屋』（東洋経済新報社）２０１５年

『週刊東洋経済 NAGOYA臨時増刊 動き出す世界の名古屋2015』（東洋経済新報社）2015年
『週刊東洋経済 2015年5月2日 トヨタ進撃を再開する』（東洋経済新報社）2015年
『NAGOYA BOOK 僕らの誇れる街 名古屋はこんなにもカッコイイ』（和田康孝／株式会社流行発信）2012年
『名古屋方言の研究』（芥子川律治／泰文堂）1971年

[著者紹介]
柏木美都里（かしわぎ・みどり）
シナリオ・ライター、放送作家。愛知県名古屋市出身。国立三重大学を休学して、太田プロダクションにてリポーター・MCとして活動後、シナリオを学び、「なごや流」でテレビ朝日21世紀新人シナリオ大賞・優秀賞を受賞し、ライターデビュー。以降、テレビ、ラジオ、CMを舞台に活躍、現在テレビ朝日「夢情報　きらめき夢子さん」執筆中。

装丁………山田英春
本文イラスト………工藤六助
DTP制作………勝澤節子
編集協力………田中はるか

「名古屋」の逆襲
過剰なコンプレックスを吹き飛ばせ！

発行日❖2015年11月30日　初版第1刷

著者
柏木美都里
発行者
杉山尚次
発行所
株式会社言視舎
東京都千代田区富士見2-2-2 〒102-0071
電話 03-3234-5997　FAX 03-3234-5957
http://www.s-pn.jp/
印刷・製本
中央精版印刷㈱

ISBN978-4-86565-038-9 C0336